BIO*gärtnern*

DER GRUNDKURS

PETER BERG
BIOgärtnern
DER GRUNDKURS
KOSMOS

BIOgärtnern
DER GRUNDKURS

DAS IST *wirklich* WICHTIG

BILD UND BUTTON **Hier finden Sie alles, was zum Gelingen im Biogarten wirklich wichtig ist.**

Jupiter
Uranus

LEBENDIGE ERDE

Mit Freude biologisch gärtnern

Wir haben die Erde nur von unseren Kindern gepachtet. Gehen wir sorgsam damit um und erhöhen wir, wo immer möglich, ihre Lebendigkeit.

AUS ÜBERZEUGUNG

In diesem Buch fließt das Wissen zusammen, das ich mir in über 40-jähriger Tätigkeit als biologisch-dynamisch arbeitender Gärtnermeister zu eigen gemacht habe. Diese Erfahrungen gebe ich in der Hoffnung weiter, dass Sie in der praktischen Umsetzung dieses Wissens in Ihrem eigenen Garten zu weiteren „Fackelträgern" der Überzeugung werden: „Bio ist nicht nur gut, sondern notwendig – für die Gesunderhaltung des Bodens und damit für die Lebens(mittel)grundlagen von uns allen."

GEÜBTE BIODYNAMIK

Die Beschreibungen von Seite 30 bis 39 zur praktischen Anwendung der besonderen biodynamischen Methode, die Dr. Rudolf Steiner im Jahre 1924 den Landwirten im Kurs „Geisteswissenschaftliche Grundlagen zum Gedeihen der Landwirtschaft" näherbrachte, sollen auch Sie dazu anregen, diese anzuwenden. Große Freude kann es dabei bereiten, sich einer der vielen biodynamischen Hausgarten-Gruppen anzuschließen, denn es ist oft einfacher, im Austausch mit Gleichgesinnten etwas Neues zu beginnen.

PRAKTISCHE ERFAHRUNG

Das Buch entstand größtenteils im Demeter Lehr- und Schaugarten in Binzen sowie in unserer dortigen Demeter-Gärtnerei. Dort gebe ich seit Jahren neben meiner betrieblichen Arbeit Kurse für Garteninteressierte, sowohl im praktisch-gärtnerischen Tun als auch gleichzeitig mit theoretischem Hintergrund. Die vielen Fragen meiner unzähligen Auszubildenden, Praktikantinnen und Praktikanten sowie die Zuschauerfragen in den TV-Sendungen „ARD-Buffet" und „Kaffee oder Tee" haben mich darin bestärkt, in diesem Buch Ratschläge zu beschreiben, von denen ich denke, dass sie für Ihren Gartenalltag nützlich sind.

Es richtet sich an alle, die die Verantwortung für die Pflege der Lebendigkeit durch das „Beackern" eines Stückchen Lands, wie klein auch immer, übernehmen und übernehmen wollen – also gärtnern.

DIE EIGENE GARTENSCHOLLE

Ich möchte Ihnen mit meinen Anregungen Mut machen, damit Sie stets die erfüllende Tätigkeit des biologischen Gärtnerns mit Freude ausüben und Sie etwas von dem großen Zusammenhang erkennen, der mit Ihrem praktischen Tun an der Ihnen anvertrauten „Gartenscholle" verbunden ist.

Ihr Peter Berg

ERSTE SCHRITTE

Mein Garten unter der Biolupe

DAMIT PFLANZEN OPTIMAL WACHSEN, BEDARF ES IM ERSTEN SCHRITT EINER GENAUEN ANALYSE DES GARTENGRUNDSTÜCKS. SEINE LAGE UND ANDERE ÄUSSERE FAKTOREN BEEINFLUSSEN DAS GEDEIHEN DER KULTUREN. IM FOLGENDEN KAPITEL ERFAHREN SIE DAHER, WELCHE VORAUSSETZUNGEN SIE SCHAFFEN MÜSSEN – ODER VIELLEICHT SOGAR SCHON HABEN – AUF IHREM WEG ZUM EIGENEN BIOGARTEN.

DIE PLANUNG

Wie viel Bio will ich?

Ein biologisch kultivierter Garten bringt große Freude. Er ist voller Leben und mit jedem Jahr wird er lebendiger. Das Gärtnern im Einklang mit den Gestirnen und dem Kosmos fördert diese Entwicklung.

WIE GROSS IST MEIN GARTEN?

Wenn Sie einen Biogarten anlegen möchten, gilt es, folgende Grundüberlegungen zu berücksichtigen: Wie groß ist Ihr Garten? Soll es darin eine Spielfläche für Ihre Kinder geben? Möchten Sie dort auch eine schöne, große Blumenfläche haben? Wie hoch soll der Versorgungscharakter des Gartens sein? Wenn Sie eine Vollversorgung aus Ihrem Garten anstreben, in der beispielsweise auch Kartoffeln und Wintergemüse eingeplant sind, sollten Sie für eine vierköpfige Familie mit einer Fläche von mindestens 250 bis 300 qm rechnen.
Für eine vierköpfige Familie, die sich mit ihrem Garten nicht vollständig selbst versorgen möchte, reicht eine Fläche von etwa 100 qm aus.

WELCHE PFLANZEN SIND GEEIGNET?

Bei einer Teilversorgung ist folgende Überlegung notwendig: Welche Kulturen möchten Sie immer frisch aus Ihrem Garten ernten? Am besten und schnellsten sind Salate jeglicher Art. Wenn Sie eine ausreichend große Fläche zur Verfügung haben, können Sie im Winter zusätzlich Feldsalat und Spinat kultivieren. Weniger gut eignen sich für einen Teilversorgungsgarten lang stehende Gemüse bzw. Kulturen, wie Lauch, Sellerie, Rosenkohl. Diese kaufen Sie besser bei einem Anbieter biologisch, regional und saisonal. Wenn Sie Ihren Kindern – und natürlich sich selbst – das „Ziehen" erntefrischer, saftiger Möhren ermöglichen wollen, säen Sie am besten immer wieder in kleineren Einheiten zwischen März und Juli etwa alle 14 Tage sogenannte Frühmöhren aus. So haben Sie den ganzen Sommer über diese Leckereien. Das Gleiche können Sie auch mit anderen Gemüsen wie Rote Bete und Radieschen machen.

DER EINFACHE WEG ZUM BIOGARTEN

Wenn Sie Ihren Garten in einen Biogarten oder in einen biodynamischen Garten verwandeln möchten, können Sie in einem ersten Schritt mit der niedrigsten Hürde beginnen und auf jeglichen synthetischen und chemischen Pflanzenschutz sowie auf eine derartige Düngung verzichten (siehe S. 106 ff.). Wenn Sie zudem biologische bzw. biodynamische Pflanzen und Samen verwenden (siehe S. 33, 42 und 165), haben Sie ein hervorragendes Fundament für das biologische Gärtnern.
Sie können synthetische und chemische Düngemittel sowie Pflanzenschutzmittel durch biologische Produkte ersetzen. Beachten Sie jedoch, dass die meisten biologischen Düngemittel keine schnelle Wirkungsweise haben, sondern eine langsam fließende und lang anhaltende Nährstoffquelle für die Pflanzen darstellen.

Auf einer weiteren Stufe des biologischen Gärtnerns können Sie Kompost bereiten. Achten Sie darauf, dass Sie hochwertigen Kompost zubereiten, indem Sie die goldene Regel „zerkleinern, mischen, feucht- und bedeckt halten" konsequent anwenden (siehe S. 72 ff.). Mit hochwertigem Kompost stärken Sie grundlegend das Bodenleben, Ihre Pflanzen werden widerstandsfähig und vital. Hochwertiger Kompost ersetzt Ihnen die biologische Düngung. Wenn Sie Ihrem Kompost zusätzlich die sechs biodynamischen Heilpflanzenpräparate beigeben (siehe S. 80 ff.), die wie feinstoffliche, homöopathische Anwendungen wirken, fördern Sie damit einen guten Rotteverlauf Ihres Komposts.
Ein weiterer Schritt auf Ihrem Weg zum Biogarten könnte sein, dass Sie die biologisch-dynamische Methode (siehe S. 30 ff.) beim Anbau Ihrer Kulturen in Ihrem Hausgarten anwenden. Das bedeutet, dass Sie bei der Gartenarbeit die Konstellationen der Gestirne berücksichtigen. Es ist bekannt, dass geeignete Konstellationen bei Aussaat, Pflege und Lagerung der Pflanzen deren Gesundheit und Vitalität nachhaltig unterstützen. Des Weiteren bedeutet biologisch-dynamisches Hausgärtnern, bei den entsprechenden Gartenarbeiten die beiden biodynamischen Präparate, das Hornmist-Präparat und das Hornkiesel-Präparat, anzuwenden (siehe S. 36 f.), um das gesunde Pflanzenwachstum zu fördern.

[a]

[b]

DAS IST *wirklich* WICHTIG

[a] MIT DEN HÄNDEN kann man den ersten Eindruck der Erde, auf der später das Pflanzenwachstum beginnen soll, erleben.

[b] DIE GRASNARBE wird mit einem Spaten vorsichtig abgehoben. Unter ihr kommt die Scholle zum Vorschein. So kann man einen tieferen Einblick in die Erde bekommen.

[c] MAN GIBT NUN ETWAS ERDE auf die Handfläche. Fällt sie auseinander? Ist sie klebrig und hält sie zusammen?

[d] LÄSST SICH GAR EINE ROLLE zwischen den Händen formen? Dann verfügt unser Boden über einen guten Wasserhaushalt.

[c]

[d]

GRUNDWASSER

und Bodenfeuchte

Der Grundwasserstand im Garten hat Auswirkungen auf die Grundfeuchte des Bodens und somit auf das Gießen und Hacken. Je höher der Grundwasserstand, desto feuchter der Boden und desto weniger Pflegearbeiten.

WIE FEUCHT IST MEIN BODEN?

Eine praktische Möglichkeit, mehr über die Bodenfeuchte zu erfahren, ist die Untersuchung des Oberbodens (siehe Abbildungen links). Dazu wird die Grasnarbe mit einem Spaten abgetragen [→b] und mit den Händen versucht, eine Art Wurst zu formen [→c und d]. Dies gibt Rückschlüsse auf die Bodenfeuchte bzw. die Fähigkeit des Bodens, Wasser zu speichern. Ist der Boden formbar, verfügt er über eine gute Wasserhaltefähigkeit und ist in der Pflege einfacher, d. h., er muss weniger gehackt, gegossen und gemulcht werden.
Ist der Boden nicht formbar, kann er das Wasser nicht so gut halten. Es sollten Bodenverbesserungsmaßnahmen durchgeführt werden, um den Pflanzen optimale Wachstumsbedingungen zu bieten. Oder Pflanzen angebaut werden, die weniger Wasser benötigen und diese eher sandigen Böden bevorzugen.

AUSTAUSCH MIT DEN NACHBARN

Der Stand des Grundwassers lässt sich durch ein Gespräch mit den Gartennachbarn oder Vorbesitzern erfahren. Sie haben oft jahre- oder gar jahrzehntelange Erfahrungen mit der eigenen oder einer benachbarten Fläche und können wichtige Informationen, z. B. über den Witterungsverlauf und die Reaktion des Bodens darauf, geben. Oder sie verfügen gar über Kenntnisse zum Anlegen eines Brunnens und wissen, ob beispielsweise damit zu rechnen ist, dass aus der Tiefe nur wenig Wasser durch die Bodenkapillaren nach oben steigt. (Bodenkapillaren sind haarfeine, zusammenhängende, senkrechte Bodenzwischenräume, in denen das Wasser durch die Kapillarkraft emporsteigt.) Dann sollte durch entsprechende Hackarbeiten der trockene Boden oberflächlich gehackt, d. h. gelockert werden. Durch das Lockern lassen sich die oberen Enden der Bodenkapillaren zerstören und das Wasser kann wieder gut aufsteigen, ohne an der Oberfläche durch den Wind mitgenommen zu werden. Somit verdunstet weniger Wasser und der Gärtner muss weniger gießen.

EIN REGENMESSER ist ein hilfreiches Gerät. Er zeigt die real gefallene Regenmenge innerhalb von 24 Stunden an. Oftmals täuscht der eigene Eindruck und man überschätzt die tatsächliche Niederschlagsmenge (1 mm Niederschlag = 1 Liter Wasser pro Quadratmeter Fläche). Es kann außerdem Freude bereiten, zusammen mit den Kindern auszurechnen, wie viel Liter Wasser Petrus heute geschenkt hat.

KLEINKLIMA

Der richtige Pflanzenplatz im Garten

Eine wichtige Voraussetzung für das Heranwachsen der Pflanzen ist u. a. ihr richtiger Standort. Deshalb ist es sinnvoll, die örtlichen Gegebenheiten im Garten zu kennen.

HANG- ODER SENKGARTEN

Befindet sich Ihr Garten oder befinden sich Teile Ihres Gartens am Hang, müssen die Beete aufgrund der Erosionsgefahr möglichst quer zum Hang liegen. Die Sonneneinstrahlung ist bei einer Hanglage von 90° viel intensiver als bei 45° oder gar im Tal. Ein Südwesthang ist am trockensten und heißesten, die Temperaturen bei einem Osthang sind etwas kühler, da der morgendliche Tau vor der Erwärmung erst noch trocknen muss. Am kühlsten und feuchtesten ist ein Nordosthang. Im Frühjahr sind die Temperaturen bei einem Hanggarten im Gegensatz zu einem Talgarten wärmer, da sich die Luft nachts hangabwärts bewegt. Liegt der Garten in einer offenen Lage, trocknet die Feuchtigkeit schneller ab, weil der Wind darüber „pfeift". Eine geeignete Hecke schützt dort vor zu starken Winden. Bei einem Garten in einer Talsenke oder auf einer Kuppe ist jeweils mit Früh- und Spätfrösten zu rechnen. In der Senke sammelt sich nachts die schwere Kaltluft. Grundsätzlich halten feuchtere Böden die Bodenwärme länger als trockene Böden, obgleich sie länger brauchen, bis sie aufwärmen. Beginnen Sie deshalb im Frühjahr nicht zu zeitig mit dem Hacken und Kultivieren, sondern warten Sie, bis die Frostgefahr etwas geringer ist.

SONNE, WIND UND SCHATTEN

Ein sonniger und geschützter Garten ist in der Regel der beste Standort, denn Licht und Wärme fördern das Fruchten und Reifen und unterstützen eine reichhaltige und aromatische Ernte. Sie sollten daher genau wissen, wo die Sonne in ihrem täglichen Lauf ihren Schatten über Bäume, Sträucher, Hügel und Gebäude wirft. Einen kleinen Küchengarten legen Sie am besten in einer sonnig geschützten Lage direkt am Haus an. So können Sie auch bei schlechtem Wetter rasch frische Köstlichkeiten ernten. Pflanzen Sie wärmeliebende Kulturen, wie beispielsweise Tomaten, Paprika, Zucchini und Gurken, in den sonnigsten Teil des Gartens. Gelegentliche schwache Lüftchen im Garten unterstützen das Wachstum. Zu windstille Lagen fördern Krankheiten und Schädlinge, vor allem im Sommer, wenn nach Regen ein schwülwarmes Kleinklima im Garten herrscht. Sehr windige Standorte dagegen kühlen die Pflanzen zu sehr aus. Beeteinfassungen aus Buchs oder Kräutern oder eine geeignete Hecke können vor zu viel Wind schützen. Eine passende Hecke kann im Frühjahr die Bodentemperatur um bis zu zwei Grad höher halten als an einem ungeschützten Ort. Zudem sind Gärten, die durch Hecken, mit Reisig geflochtenen Zäunen oder Büschen geschützt sind, bis zu zehn Prozent ertragreicher als ungeschützte, und ihre Pflanzen sind bis zu einer Woche weiter in der Entwicklung.

HALBSCHATTEN FÜR BEEREN

Liegt Ihr Garten oder liegen Teile davon an manchen Tageszeiten im Schatten, sollten Sie dies bei der Auswahl Ihrer Kulturen berücksichtigen. Beerenarten, wie Wald-Erdbeeren, Himbeeren, Johannisbeeren und Stachelbeeren, reifen auch im Halbschatten gut heran. Schatten kann z. B. von Nachbargebäuden kommen. Diese Gebäude können gleichzeitig den Vorteil haben, dass sie einen Schutz vor starken Winden darstellen. Starke Schattenspender sind auch große Bäume im eigenen Garten oder in angrenzenden Grundstücken. Beachten Sie bei einem Baumbestand auch die Einwurzelungen und teilen Sie Ihren Garten entsprechend danach ein. Denn Bäume sind aufgrund ihrer langen, verzweigten Wurzeln „Konkurrenten" für die Nutzpflanzen im Nahrungsnetz des Bodens. Auch den Laubfall im Herbst gilt es zu bedenken. Alle Überwinterungskulturen, die im Herbst gepflanzt werden, wie z. B. Spinat und Feldsalat, werden durch Laubfall stark beeinträchtigt. Das vorsichtig zusammengerechte Laub kann aber sehr gute Dienste unter Beerensträuchern oder als Frostschutz über empfindlichen Staudenpflanzen und Blumenzwiebeln leisten.

EIN BEET
für die ganze Familie

Ein Gemüsebeet im Garten ist immer eine Bereicherung. Wie viel Platz dem Gemüsebeet oder den -beeten im Garten zugestanden wird, hängt sehr von der eigenen Neigung ab.

DIE RICHTIGE GRÖSSE

Beete für den Gemüseanbau sollten eine maximale Breite von 1,20 m haben – die Länge wird von den eigenen Platzmöglichkeiten bestimmt. Diese Breite ermöglicht ein gutes Arbeiten, denn von beiden Seiten ist die Beetmitte gut zu erreichen. Die Wege zwischen den Beeten können einfach immer neu angetreten werden oder man legt eine feste Einteilung der Beete fest. Dann bleibt besonders die Bodenverdichtung durch das viele Begehen immer auf dieselbe Stelle begrenzt.

RAHMEN MIT GESCHMACK

Welche Form der Befestigung gewählt wird, hängt natürlich vom eigenen Geschmack ab. Holzeinfassungen sind in aller Regel bei einem aktiven Gartenboden meist nicht von langer Dauer. Die vielfältigen Bodenreaktionen führen in den meisten Fällen zu einem schnellen Verfall. Wege mit Rindenmulch zu belegen kann eine Hilfe sein im „Kampf" gegen das Unkraut auf den Wegen.

PLANUNG AUF VIER BEETEN

Je mehr Platz den Gemüsebeeten im Garten eingeräumt wird, umso eine größere Vielfalt an Kulturen kann angebaut werden. Es sollten, wenn möglich, immer mindestens vier Beete zur Verfügung stehen, dann ist eine kleine Fruchtfolge möglich (siehe Seite 90).

Gemüsearten mit einer kurzen Kulturdauer sind ein guter Einstieg in die eigene Gemüseversorgung. Radieschen, Salate oder Kräuter eignen sich dafür am besten. Gemüsekulturen mit einer langen Entwicklungsdauer wie Knollen-Sellerie, Rosenkohl oder Lauch sollten dann angebaut werden, wenn genügend Platz vorhanden ist. Schwarzwurzeln oder Chicorée sind Gemüsearten, die lange Zeit auf dem Beet stehen, und die Erträge im Hausgarten reichen oft nur für wenige Mahlzeiten. Überlassen Sie diese Kulturen daher besser Gartenbesitzern mit großer Fläche.

Für Kinder ist es sinnvoll, ein eigenes Beet im Garten zu haben, wenn der Platz es zulässt. Hier können sie schon früh Erfahrungen mit Pflanzen machen. Kresse und Radieschen sind besonders gut dafür geeignet. Blümchen sollten aber auch nicht fehlen.

BEETPLAN ZUR DOKUMENTATION

Beginnen Sie frühzeitig mit der Planung Ihrer Beete für das neue Gartenjahr. Am besten schauen Sie im Herbst oder Winter in Samenkatalogen, welche Kulturen Sie mit Ihrer Familie für das kommende Gartenjahr anpflanzen möchten. Außerdem ist es wichtig, wo im Garten die Kulturen angepflanzt werden. Dazu erstellen Sie am besten einen Gartenplan, d. h. eine Skizze, in der Sie die einzelnen Beete Ihres Gartens aufzeichnen. In diese Übersicht tragen Sie die geplanten Kulturen ein. Bewahren Sie die Gartenpläne der einzelnen Kalenderjahre gut auf. Sie dienen als Grundlage für Ihre Anbauplanung in den Folgejahren.

Kontrollieren Sie bei jeder neuen Jahresplanung die Beetbelegungen der letzten Jahre. So können Sie Fehler in der Fruchtfolge vermeiden (siehe auch S. 90).

WENN SIE EINE TEILVERSORGUNG anstreben, reicht eine Fläche von 100 qm für eine vierköpfige Familie aus. Bei einer Vollversorgung benötigen Sie 250 bis 300 qm.

LEBENDIGER BODEN

Beobachten und untersuchen

DIE GENAUE KENNTNIS DES GARTENBODENS, SEINE ART UND SEINE QUALITÄT IST VON ENTSCHEIDENDER BEDEUTUNG. MAN MUSS DAS NAHRUNGSNETZ DES BODENS IM GANZEN VERSTEHEN LERNEN, DENN PFLANZEN UND BODEN STEHEN IN EINEM LEBENDIGEN AUSTAUSCH.

[a]

[b]

DAS IST *wirklich* WICHTIG

[a] MIT DER SPATENPROBE erhalten wir einen umfassenden Einblick in das Bodengefüge. Dazu stechen wir den Spaten etwa 30 cm tief in den Boden, der zuvor von der Grasnarbe befreit wurde.

[b] IM QUERSCHNITT DER SPATENPROBE lässt sich das Bodenprofil gut erkennen. Ist der Boden dicht oder wie gewünscht locker?

[c] SORGFÄLTIG WIRD DER BODENZIEGEL herausgenommen. Auf einer ebenen Unterlage wird mit der Bodenwahrnehmung begonnen.

[d] DER REGENWURM IST EIN SICHTBARER VERTRETER der Bodenlebewesen und gibt Auskunft über die Bodenfruchtbarkeit.

[c]

[d]

BODENBEPROBUNG I

Regenwurmzählung und Spatendiagnose

Um erste Eindrücke zur Bodenbeschaffenheit im Garten zu bekommen, gibt es verschiedene Möglichkeiten: von der einfachen Regenwurmzählung bis zur tieferen Diagnose mit dem Spaten.

ERSTE EINDRÜCKE

Regenwürmer sind ein Gradmesser für die Lebendigkeit und die Fruchtbarkeit des Bodens. Sie bilden sichtbare Häuflein an der Bodenoberfläche sowie in den Hohlräumen unter der Erde. Diese Ausscheidungshäuflein, in denen Erde und organische Bestandteile gemischt sind, werden von Bodenorganismen weiter verdaut. Auch der Schleim, den der Regenwurm beim Gleiten absondert, ist eine wichtige Substanz für weitere Bodenlebewesen.
Je mehr Regenwurmhaufen auf der Bodenoberfläche sichtbar sind, desto besser. Regenwürmer sind wichtige Indikatoren für ein gutes Bodenleben.

Einfache Regenwurmzählung

Graben Sie für die Regenwurmzählung im Garten ein ca. 30 cm tiefes Loch (eine Spatentiefe) mit einer Fläche von insgesamt etwa 1 qm. Machen Sie die Regenwurmprobe nicht in einer Trockenperiode, denn die Regenwürmer ziehen sich bei Trockenheit tiefer in die Erde zurück (bis zu 80 cm). Geben Sie die ausgegrabene Erde auf eine Plane und zählen Sie dort die Regenwürmer und deren Eier. Bei ca. 80 Würmern mit Eiern ist Ihr Boden nur mäßig belebt und bedarf entsprechender Maßnahmen zur Steigerung der Aktivität. Bei ca. 150 Regenwürmern mit Eiern ist die biologische Aktivität Ihres Bodens gut. Eine hervorragende Bodenlebendigkeit herrscht bei einer Anzahl von 250 und mehr. Die Bearbeitung eines solchen Bodens dient vorrangig dazu, dieses hohe, „lebendige" Niveau langfristig zu halten.

DIE SPATENDIAGNOSE

Um den Boden genauer zu analysieren, empfiehlt sich die Spatendiagnose. Sie dient als Momentaufnahme für den Zustand des Bodens und zeigt, welchen Lebensraum die Pflanzenwurzeln vorfinden werden.
Stechen Sie mit einem Spaten ein dachziegelgroßes Stück aus dem Boden **[→a+b]**. Betrachten Sie das Bodenstück und kratzen Sie es leicht auseinander **[→c]**. Beobachten Sie, wie es zerfällt und was herauskriecht. Wirkt der Boden durchgängig krümelig und mit Bodentieren „belebt", so ist das für die Pflanzenwurzeln gut, da sie nicht mit Widerständen zu kämpfen haben. Wirkt der Boden dagegen fest und undurchlässig, bedarf es sorgfältiger Kompostanwendungen und des Anbaus von tief wurzelnden Gründüngungspflanzen (siehe S. 89 und 72 ff.).
Natürlich kann auch ein kleines Bodenstück genommen werden. Das Ergebnis wird dann auf 1 qm hochgerechnet. Die ausgegrabene Erde wird systematisch durchsucht und die Erdklümpchen vorsichtig auseinandergedrückt. Überraschend viele kleine Regenwürmer lassen sich dann oft noch finden. Wenn der Boden gut belebt ist, wird man natürlich auch noch viele andere Tierchen sehen.

DER BESTE DÜNGER DER WELT. Regenwürmer produzieren Dünger, der zu den besten der Welt zählt. Im 16. Jahrhundert hießen die fleißigen Gartenhelfer noch „reger Wurm", wovon sich auch sein heutiger Name ableitet. In Deutschland gibt es etwa 39 Arten, weltweit sogar mehr als 3 000. Die beiden häufigsten Wurmarten in unseren Gärten sind der Kompostwurm und der Tauwurm. Der Kompostwurm ist etwa um die Hälfte kleiner als der Tauwurm und hat gelbliche Ringe um seinen länglichen Körper.

[a]

[b]

[c]

[d]

[e]

DAS IST *wirklich* WICHTIG

[a] ETWAS ERDE wird mit Wasser verschlämmt.

[b] DAS WASSER-ERDE-GEMISCH wird auf einem Deckel zum Rotieren gebracht.

[c] BLEIBEN NUR WENIGE feste Erdklumpen übrig, verfügt unser Boden über eine gute Wasserstabilität.

[d] NEHMEN SIE DIE FESTE ERDE zwischen Ihre Handflächen und beobachten Sie.

[e] WENN DIE ERDE sich zu festen Krümeln formen lässt, muss die Qualität des Bodens verbessert werden.

BODENBEPROBUNG II

Riechen und tasten

Für die vertiefte Bodenwahrnehmung können wir unsere Nase zum Erriechen und unsere Finger zum Ertasten einsetzen. Sie werden erstaunt sein, was Sie dabei alles über Ihren Gartenboden erfahren.

DIE GERUCHSPROBE

Auch der Geruch des Bodens gibt Ihnen wichtige Hinweise auf seinen Zustand. Der Boden hat eine gute Qualität, wenn er gut nach Walderde riecht. Denn Waldboden hat von allen Böden das beste mikrobielle Milieu.

Riecht der Gartenboden moorig und ist er schwarz, handelt es sich um einen Moorboden, der noch Pflanzenteile als faserige Substanz enthält. Riecht es modrig, schweflig oder nach faulen Eiern, ist dies in der Regel ein Zeichen für schlechte Verwesungsprozesse organischer Substanz. In einem solchen Fall müssen Sie Maßnahmen zur Bodenlockerung (siehe S. 50) ergreifen.

DIE SCHLEMMPROBE

Eine Schlemmprobe zeigt, wie wasserstabil der Boden ist, d. h., wie der Boden auf Witterungseinflüsse reagiert (z. B. Regen). Kann der Boden Starkregen gut aufnehmen, schlämmt seine Oberfläche zu einer Art Brei. Bleiben die Krümel jedoch stabil, kann der Boden das Wasser nicht ausreichend aufnehmen.

Um die Wasserstabilität des Bodens zu testen, wird eine Handvoll Erde auf einen Eimerdeckel gelegt. Geben Sie anschließend Wasser dazu **[→a]** und lassen Sie den Deckel etwa 30 Sekunden in Ihren Händen rotieren, sodass die Erdklumpen nach und nach zerfallen können **[→b]**. Feine Erdklumpen zerfallen sofort in kleine Krümel **[→c]**. Übrig bleiben größere Erdklumpen **[→d]**. Je mehr größere Erdklumpen zu finden sind, desto mehr muss die Qualität des Bodens durch geeignete Maßnahmen (Humuszugabe, Anbau von Wurzeldüngungspflanzen und Präparateanwendung) verbessert werden.

DIE FINGERPROBE

Die Fingerprobe zeigt unmittelbar an, ob die Erde eher sand-, lehm- oder kieshaltig ist. Zerreiben Sie dazu etwas Gartenerde langsam zwischen den Fingern: Gibt es mehr Stein- oder mehr Sandanteile? Ist die Erde klebrig? Ist sie fein strukturiert?

Nehmen Sie dann eine kleine Menge des Bodens und versuchen Sie, zwischen den Handflächen eine bleistiftdicke Wurst auszurollen. Bei Bedarf geben Sie noch etwas Wasser hinzu. Ist die Bodenprobe nicht ausrollbar, zählt der Boden zu den Sandbodenarten. Ist die Bodenprobe ausrollbar, handelt es sich um einen Boden der sandigen Lehme und Tone.

CHEMISCHE ANALYSE **Durch eine chemische Analyse können der pH-Wert, die Haupt- und Spurennährstoffe (Stickstoff, Phosphor, Kali, Magnesium usw.) sowie der Humusanteil des Bodens bestimmt werden. Man benötigt für eine aussagekräftige Probe mindestens zehn bis 12 Einstiche von unterschiedlicher Tiefe (zwischen 0 und 30 cm). Die Probe wird gut gemischt und ca. 500 g ins Labor gegeben (Adressen siehe S. 187). Chemische Analysen sind jedoch nur Momentaufnahmen, abhängig von der Jahreszeit sowie der jeweiligen aktuellen biologischen Aktivität des Bodens und der darauf wachsenden Pflanzen.**

UNSER BODEN

Erkennen und verstehen

Der Boden ist mehr als die Fläche, auf der man steht. Er ist ein hochkomplexer Organismus. Seine Qualität beeinflusst das Gedeihen unserer Pflanzen entscheidend.

Je besser Sie Ihren Gartenboden kennen, desto gezielter können Sie Maßnahmen zu seiner Verbesserung ergreifen. Im Garten können vier Hauptbodenarten vorherrschen. Diese sind abhängig von der Art des Ausgangsgesteins (z. B. Granit oder Kalk) sowie von geologischen, klimatischen und menschlichen Einflüssen.

SANDIG-KIESIGER BODEN

Dieser Boden ist meist leicht, locker und gut zu bearbeiten. Zudem ist er warm, sodass man im Frühjahr oft schon zeitig mit den ersten Gartenarbeiten beginnen kann. Das Speichervermögen für Wasser und Nährstoffe ist jedoch nur gering, durch eine gute Mulchwirtschaft kann die Bodenfeuchtigkeit jedoch positiv beeinflusst werden. Solche Böden kommen meist in Flussauen und alten Flussbetten vor.

DER PH-WERT zeigt den Säuregrad des Bodens an. Dieser hat Auswirkungen auf die Nährstoffaufnahme und -verfügbarkeit für die Pflanzen. Die meisten Pflanzen bevorzugen einen schwach sauren Boden (pH-Wert zwischen 6 und 7). Biogärtner brauchen auf den pH-Wert allerdings kaum achtzugeben, denn der mit Mikroorganismen belebte Boden schützt sich selbst gegen überschüssige Säuren oder Basen.

KALKREICHER BODEN

Einen kalkreichen Boden erkennt man an seiner hellen Farbe. Er klebt an den Händen und neigt bei Trockenheit zu Brockenbildung. Zudem erwärmt er sich langsamer als andere Böden. Im Frühjahr ist ein solcher Boden an der Oberfläche bereits trocken, im Unterboden jedoch noch feucht und klebrig. Das erschwert die Arbeit mit einem solchen Boden, sodass man insbesondere in trockenen und warmen Monaten öfter als bei einem normalen Boden gießen oder hacken muss.

BUNTSANDSTEINBODEN

Buntsandsteinböden und Urgesteinverwitterungen haben meist eine rötliche Farbe. Sie sind aufgrund des feinen Sandanteils gut bearbeitbar. Der jeweilige Lehmanteil darin entscheidet über die Wasserhaltekraft. Je höher der Lehmanteil, desto besser die Wasserhaltekraft. Ein hoher Lehmanteil bedeutet jedoch gleichzeitig eine höhere Dichte und Schwere des Bodens. Bei sogenannten „Stundenböden“ ist der Zeitraum für eine gute Bodenbearbeitung bei geringer Kraftanstrengung auf nur wenige Stunden am Tag begrenzt – je nach den herrschenden täglichen Klimabedingungen.

LÖSSBODEN

Er ist locker und leicht zu bearbeiten, nährstoffreich und verfügt über eine gute Wasserleitfähigkeit. Der Lößboden ist einer der fruchtbarsten Böden und sehr ertragreich. Daher ist er der optimale Boden für Gärtner. Lößböden findet man bei uns vor allem an Hanglagen (z. B. Kaiserstuhl) oder in Auen.

DAS BODENPROFIL

Ein Bodenprofil zeigt Ihnen, welche Erd- bzw. Bodenart in Ihrem Gartenboden vorherrscht. Graben Sie dafür ein ca. 1 m tiefes Loch aus (bei Trockenheit noch etwas tiefer). So können Sie die einzelnen Bodenschichten und das Ausgangsgestein sehen und erkennen, wie tief die belebte, durchwurzelte Humusschicht ist. Die beim Graben deutlich werdenden Widerstände des Gartenbodens zeigen gleichzeitig, was die Pflanzen mit ihren Wurzeln in diesem Boden zu leisten haben.

BEIKRÄUTER

Was Pflanzen über unseren Boden verraten

Es gibt verschiedene Möglichkeiten, mit denen sich der Zustand des Bodens erkennen lässt. Je umfassender die eigene Kenntnis darüber ist, desto genauer können geeignete Maßnahmen ergriffen werden.

Einen wichtigen Hinweis auf den Zustand des Bodens geben auch die im Garten wild wachsenden Pflanzen, die sogenannten Beikräuter. Sie werden deshalb auch Zeigerpflanzen genannt. Die häufigsten Zeigerpflanzen sehen Sie in der folgenden Übersicht mit ihrer jeweiligen Bedeutung für den Bodenzustand aufgelistet. In der Tabelle erfahren Sie auch, welche Gegenmaßnahmen Sie ergreifen können, wenn Sie für Ihre Kulturpflanzen andere Bodenvoraussetzungen benötigen.

ZEIGERPFLANZEN: AUSKUNFT ÜBER DEN BODENZUSTAND

Bodenzustand	Zeigerpflanzen	Gegenmaßnahmen
Stickstoffreicher Boden	Brennnessel Franzosenkraut Garten-Wolfsmilch Giersch Hirtentäschel Kletten-Labkraut Kohl-Gänsedistel Melde Persischer Ehrenpreis Vogelmiere Weißer Gänsefuß	Starkzehrer anbauen, z. B. Kartoffeln. Die Grünmasse auf dem Beet abräumen und kompostieren, um eine Brachfläche zu erhalten.
Stickstoffarmer Boden	Acker-Fuchsschwanz Breitblättriger Hohlzahn Mauerpfeffer Rauhaarige Wicke Wilde Möhre	Leguminosen (Pflanzen, die Stickstoff im Boden ansammeln) anbauen. Kompost ausbringen.
Nasser Boden	Ampfer Kohl-Distel Mädesüß Wiesen-Schaumkraut	Sand einarbeiten. Humusgehalt durch Kompostgabe erhöhen.
Trockener Boden	Färber-Kamille Kleiner Storchschnabel Mittlerer Wegerich Reiherschnabel Sommer-Adonisröschen	Ausgeprägte Mulch- und Kompostwirtschaft
Schattiger Standort	Giersch Gundermann Sauerklee	Geeignete Pflanzen wählen, z. B. Rhabarber, Wald-Erdbeeren, Himbeeren
Saurer Boden	Ackerminze Färber-Kamille Hasenklee Kleiner Sauerampfer Schmalbl. Weidenröschen	Kalken, z. B. Dolomitkalk
Alkalischer Boden	Acker-Senf Acker-Stiefmütterchen Kriechendes Fingerkraut Leinkraut Luzerne Vogelmiere Wiesen-Salbei Wiesen-Storchschnabel	Moorbeeterde einarbeiten
Verdichteter Boden	Ackerminze Acker-Schachtelhalm Breit-Wegerich Huflattich	Tiefwurzeler anbauen, mindestens ein Jahr (z. B. Luzerne)
Staunässe	Acker-Kratzdistel Breit-Wegerich Gänsefingerkraut Kriechender Hahnenfuß Quecke	Tiefwurzeler anbauen, mindestens ein Jahr (z. B. Luzerne)
Sandiger Boden	Heidekraut Kiefer Klatsch-Mohn Königskerze Vogelmiere Wolfsmilch	Ausgeprägte Mulch- und Kompostwirtschaft

[1.]

[2.]

[3.]

ZEIGERPFLANZEN *im Überblick*

Es gibt viele Kräuter, die die Eigenschaften unseres Bodens anzeigen. Hier eine kleine Auswahl im Überblick.

BRENNNESSEL [1.]

Urtica dioica
Pflanzenfamilie: Brennnesselgewächse *(Urticaceae)*
Bodenzustand: Stickstoffanzeiger
Vorkommen: Bildet oft ausgedehnte Bestände. Wächst weltweit, ausgenommen Tropen und höchster Norden.
Aussehen: Stängel aufrecht, unverzweigt, 4-kantig, wie die Blätter mit zahlreichen kurzen Borsten und langen Brennhaaren. Wuchshöhe: 30 bis 150 cm. Blüte: Gelbgrüne Rispen. Blütezeit: Juli bis Oktober. Mehrjährig.
Besonderheit: Da die Pflanzen früh im Jahr austreiben, können die jungen Triebe wie Spinat zubereitet werden. Der Presssaft hilft auch bei Frühjahrsmüdigkeit.

GROSSBLÜTIGE KÖNIGSKERZE [2.]

Verbascum densiflorum
Pflanzenfamilie: Braunwurzgewächse *(Scrophulariaceae)*
Bodenzustand: Zeigt sandige Böden an.
Vorkommen: Ödflächen, Ufer. Auf mäßig trockenen bis frischen, meist kalkhaltigen Böden an sonnigen, etwas wärmeren Standorten.
Aussehen: Bildet Blattrosette. Blätter lanzettlich oder länglich lanzettlich. Wuchshöhe: 50 bis 250 cm. Blüte: Lange, ährenartige gelbe Blütenstände. Blütezeit: Juli bis September. Zweijährig.
Besonderheit: Die Blüten enthalten Schleimstoffe wie Sapione und Flavonoide. Diese wirken reizlindernd auf die Schleimhäute des Rachens und fördern das Abhusten von Schleim bei Einnahme entsprechender Arzneimittel.

BREIT-WEGERICH [3.]

Plantago major
Pflanzenfamilie: Wegerichgewächse *(Plantaginaceae)*
Bodenzustand: Zeigt verdichteten Boden an.
Vorkommen: Wege, betretene Rasenflächen, Ufer, intensiv genutzte Weiden, Pflasterfugen. Erträgt Trittbelastung und Salz.
Aussehen: Blätter in Grundrosette, meist aufgerichtet, mit 5 bis 9 Längsnerven. Wuchshöhe: 5 bis 40 cm. Blütezeit: Juni bis Oktober. Mehrjährig.
Besonderheit: *Plantago* leitet sich vom lateinischen *planta* = Fußsohle ab und bezieht sich auf die Blattform. „Wegerich" bedeutet „Beherrscher des Weges" und weist auf den Standort hin.

WILDE MÖHRE [4.]

Daucus carota

Pflanzenfamilie: Doldenblütler *(Apiaceae)*
Bodenzustand: Zeigt stickstoffarme Böden an.
Vorkommen: Auf eher trockenen, meist kalkreichen Böden an hellen Standorten.
Aussehen: Pflanze graugrün, behaart. Pfahlwurzel. Wuchshöhe: 30 bis 100 cm. Blüte: Dolden. Blütezeit: Juni bis September. Zweijährig.
Besonderheit: Die Dolden werden gerne von Fliegen besucht. Diese landen am liebsten dort, wo schon andere Fliegen sitzen.

ECHTES MÄDESÜSS [5.]

Filipendula ulmaria

Pflanzenfamilie: Rosengewächse *(Rosaceae)*
Bodenzustand: Zeigt Nässe an.
Vorkommen: Bäche, Quellen, Ufergebüsche, nasse Wiesen, Auwälder. Auf nassen, nährstoffreichen Böden.
Aussehen: Blätter mit großen Nebenblättern. Wuchshöhe: 50 bis 150 cm. Blüte: Vielblütige Doldentraube. Blütezeit: Juni bis August. Mehrjährig.
Besonderheit: In der ersten Hälfte des 19. Jahrhunderts gewann man zum ersten Mal Salicin aus der Pflanze. Später gelang die synthetische Herstellung der Salicylsäure. Der heutige Handelsname „Aspirin" leitet sich von dem alten Pflanzennamen *Spiraea ulmaria* ab.

AMPFER [6.]

Rumex

Pflanzenfamilie: Knöterichgewächse *(Polygonaceae)*
Bodenzustand: Zeigt feuchte Böden an.
Vorkommen: In lückigen Unkrautbeständen. Auf feuchten bis mäßig nassen, nährstoffreichen, humosen Böden.
Aussehen: Stängel aufrecht, meist vom Grund verzweigt. Wuchshöhe: 30 bis 80 cm. Blüte: Blütenstand locker, weit ausladend. Blütezeit: Mai bis August. Mehrjährig.
Besonderheit: „Ampfer" leitet sich vom niederländischen „amper" ab und bedeutet sauer, bzw. das Saure. Daher stammt auch der deutsche Name des Sauer-Ampfers, dem bekanntesten Vertreter dieser Pflanzengattung.

GEWÖHNLICHE MELDE

Atriplex patula

Pflanzenfamilie: Gänsefußgewächse *(Chenopodiaceae)*
Bodenzustand: Stickstoffanzeiger
Vorkommen: Unkrautbestände in Äckern und Gärten, auf nährstoffreichen, lockeren Ton- und Lehmböden. In Sand- und Silikatgebieten selten.
Aussehen: Stängel sparrig verzweigt, jung 4-kantig. Blätter wechselständig, auf beiden Seiten grau- bis dunkelgrün. Wuchshöhe: 30 bis 80 cm. Blüte: Blütenknäuel in den Blattachseln und an endständigen, lockeren Ähren. Blütezeit: Juli bis Oktober. Einjährig.
Besonderheit: Junge Pflanzen sehen dem Weißen Gänsefuß ähnlich. Typisch für die Gewöhnliche Melde sind der 4-kantige Stängel, die Blättchen um die Blüten sowie der sparrige Wuchs.

SAUERKLEE

Oxalis stricta (Oxalis fontana)

Pflanzenfamilie: Sauerkleegewächse *(Oxalidaceae)*
Bodenzustand: Schattenanzeiger
Vorkommen: Äcker mit Hackfrüchten, Gärten, Wegränder. Auf nährstoffreichen, kalkarmen Böden.
Aussehen: Blätter wechselständig, am oberen Stängelteil oft scheinbar gegenständig. Stängel aufrecht, meist unterirdische Ausläufer. Wuchshöhe: 10 bis 40 cm. Blüte: Lockere Dolden mit 1 bis 7 Blüten. Blütezeit: Juni bis Oktober. Ein- bis mehrjährig.
Besonderheit: Die Blüten öffnen sich nur einen Tag von morgens zwischen 8 bis 9 Uhr und von 15 bis 16 Uhr.

[4.]

[5.]

[6.]

MONDGÄRTNERN

Kosmische Impulse

DER KOSMOS HAT UNS VIEL ZU BIETEN, WENN WIR IHM DIE MÖGLICHKEIT DAZU GEBEN. DURCH DAS GÄRTNERN ZUR RICHTIGEN ZEIT UND DIE ANWENDUNG DER HOMÖOPATHISCHEN MITTEL VON DR. RUDOLF STEINER KÖNNEN WIR DEN BODEN BELEBEN UND DIE SENSIBLE PFLANZENWELT IM EIGENEN GARTEN FÖRDERN.

Lehr- und Schaugarten
Sonne
Merkur
Widder
Frucht
Fische
Blatt
Zwillinge
Blüte

BIODYNAMIK

mit Einfluss der Gestirne

Das Wachstumsverhalten der Pflanzen unterliegt kosmischen Rhythmen. Im biodynamischen Garten werden die für das Gedeihen der Kulturen günstigen kosmischen Konstellationen berücksichtigt.

DIE GEBURT DER BIOLOGISCHEN LANDWIRTSCHAFT

Die biologisch-dynamische Methode geht zurück auf den Philosophen und Begründer der Anthroposophie Rudolf Steiner (1861 bis 1925), der auch in der Pädagogik, in der Heilpädagogik, in der Medizin sowie in verschiedenen künstlerischen Bereichen neue Impulse gesetzt hat.

Nachdem aufmerksame Landwirte bereits wenige Jahre nach Beginn des Einsatzes von chemischen Substanzen zur Düngung sowie Unkraut- und Schädlingsbekämpfung beunruhigende Veränderungen an ihren Kulturen wahrgenommen hatten, baten sie Rudolf Steiner um Unterstützung der abnehmenden Qualität ihres Saatgutes und ihrer Böden entgegenzuwirken. Im Jahre 1924 hielt Rudolf Steiner daraufhin eine mehrtägige Fachtagung und erarbeitete ein Grundlagenwerk mit dem Titel „Geisteswissenschaftliche Grundlagen zum Gedeihen der Landwirtschaft". Das Grundlagenwerk stellte ein umfassendes philosophisches Fundament zur Erneuerung der Landwirtschaft dar und legte den Grundstein für die biologisch-dynamische Landwirtschaft. Gleichzeitig war es die „Geburt" der biologischen Landwirtschaft weltweit.

EINFLUSS VON MOND UND GESTIRNEN

Rudolf Steiner gab neben konkreten Empfehlungen für den Landbau auch Hinweise auf die großen Zusammenhänge des Kosmos und der Erde. Ausgehend von den Anregungen Steiners erforschte Maria Thun († 2012), eine wichtige biodynamische Pionierin, jahrzehntelang den Einfluss der Gestirne, des Mondes und der Planeten auf das Gedeihen der Pflanzen (auch in Zusammenarbeit mit der Universität Gießen). Ihre Forschungen ergaben, dass sich gleiche Pflanzen (z. B. Radieschen) je nach astronomischer Konstellation bei Aussaat und Pflege unterschiedlich entwickeln. Auch im Nachernteverhalten der Pflanzen, also bei Lagerung und Verarbeitung, konnte diese unterschiedliche Entwicklung über Jahrzehnte beobachtet werden. Aus diesen Erkenntnissen heraus entwickelte Maria Thun die Begriffe: Wurzel-, Blatt-, Blüten- und Fruchttage bzw. Wurzel-, Blatt-, Blüten- und Fruchtpflanzen.

DER NAME DEMETER ist der Vertriebsname der biologisch-dynamisch produzierten Lebensmittel. Er ist als Warenzeichen geschützt. Es ist der Name der altgriechischen Fruchtbarkeits- und Muttergöttin Demeter, deren Wirken sich in der Fruchtbarkeit der Erde, des Getreides, der Saat und der Jahreszeiten manifestierte und die der Sage nach den Menschen den Getreideanbau und den Umgang mit dem Pflug lehrte.

STERNBILDER FÖRDERN PFLANZENARTEN

Der Tierkreis besteht aus 12 Sternbildregionen. Der Mond und alle Planeten bewegen sich vor diesen Sternbildern. Der Mond umläuft in 27,3 Tagen die Erde und zieht dabei an den Sternbildregionen vorbei. Alle zwei bis vier Tage steht er dann vor einem neuen Sternbild. Beim Vorbeigang vermittelt er über die klassischen Elemente Wärme, Luft/Licht, Wasser und Erde die Impulse auf unseren Erdplaneten. Unsere Pflanzen haben die Möglichkeit, diese Impulse durch Kulturarbeiten (aussäen, pflanzen, hacken, gießen usw.) aufzunehmen bzw. sichtbar zu machen. Maria Thun verwendete in diesem Zusammenhang den Begriff der „Trigone".
Ausgehend von 12 Sternbildern gibt es vier Trigone mit jeweils drei Sternbildern. Sternbilder des gleichen Trigons vermitteln durch entsprechend ausgeführte Kulturarbeiten ähnliche Impulse an die Pflanzen.
Es gibt folgende Trigone:

- Trigon „Erde" mit den drei Sternbildern Stier, Jungfrau und Steinbock. Das Trigon beeinflusst bei entsprechenden Kulturarbeiten an Wurzeltagen alle Wurzelpflanzen. Es wird daher auch Wurzel-Trigon genannt.
- Trigon „Wasser" mit den drei Sternbildern Fische, Krebs und Skorpion. Das Trigon beeinflusst bei entsprechenden Kulturarbeiten an Blatttagen alle Blattpflanzen. Es wird daher auch Blatt-Trigon genannt.
- Trigon „Luft/Licht" mit den drei Sternbildern Wassermann, Zwillinge und Waage. Das Trigon beeinflusst bei entsprechenden Kulturarbeiten an Blütentagen alle Blütenpflanzen. Es wird daher auch Blüten-Trigon genannt.
- Trigon „Wärme" mit den drei Sternbildern Widder, Löwe und Schütze. Das Trigon beeinflusst bei entsprechenden Kulturarbeiten an Fruchttagen alle Fruchtpflanzen. Es wird daher auch Frucht-Trigon genannt.

PFLANZZEIT UND NICHT-PFLANZZEIT

Während seines Erdumlaufs wandert der Mond im Verhältnis zur Sonnenbahn auch in aufsteigender und absteigender Richtung. Dies bedeutet, dass der Mond jede Nacht einen etwas höheren Bogen (Mondlauf in aufsteigender Richtung) bzw. niedrigeren Bogen (Mondlauf in absteigender Richtung) in Bezug auf die Fixsterne beschreibt als in der vorangegangenen Nacht. Er bewegt sich, da er bei seinem Erdumlauf gleichzeitig die 12 Sternzeichen durchläuft, vom tiefsten Punkt im Sternbild Schütze bis zum höchsten Punkt im Sternbild Zwillinge (nicht zu verwechseln mit zunehmendem und abnehmendem Mond!).
Befindet sich der Mond in der absteigenden Phase, steigen auch die Säfte in den Pflanzen ab, alle Kräfte gehen jetzt in die Wurzel. Die Erde „atmet" ein. Diese Phase gilt als Pflanzzeit. Während der Pflanzzeit können Wurzel-, Blatt-, Blüten- und Fruchtpflanzen entsprechend an Blüten-, Blatt-, Frucht- und Wurzeltagen gesät bzw. neu-, um- und ausgepflanzt werden.
Wandert der Mond in aufsteigender Richtung, bewegen sich die Pflanzensäfte in die oberen Pflanzenteile. Die Erde „atmet" aus, und die Kräfte wirken sich verstärkt auf das oberirdische Wachstum aus. Diese Phase wird als Nicht-Pflanzzeit bezeichnet, d. h. es werden keine Pflanzen gesät oder gepflanzt. Jedoch können Gartenarbeiten wie Pflanzenschutz und Ernte durchgeführt werden.

Arbeiten in der Pflanzzeit

- Aussaat (zuvor umfassende Bodenbearbeitung)
- Um- und Neupflanzung (zuvor umfassende Bodenbearbeitung)
- Dünger- und Kompostgaben (zuvor umfassende Bodenbearbeitung)
- Hacken
- Stecklinge bewurzeln
- Blumenzwiebeln legen
- Rasen mähen, wenn er langsam wachsen soll
- Rasen und Wiese düngen

Arbeiten zur Nicht-Pflanzzeit

- Oberirdische Pflegearbeiten, z. B. Pflanzenschutz
- Schnitt von Stecklingen
- Schnitt von Veredelungsreisern
- Ernte
- Rasen mähen, wenn er schnell und dicht wachsen soll

PRÄPARATE: HOMÖOPATHIE FÜR DEN BODEN

Auf seiner Fachtagung verwendete Steiner erstmals auch die Begriffe Hofindividualität und Betriebsorganismus. Zwei für die biodynamische Landwirtschaft zentrale Grundideen. Sie umschreiben den eigenen Betrieb als geschlossenes und autonomes Gebilde, das alles, was für die Erzeugung hochwertiger, gesunder Lebensmittel notwendig ist, selbst herstellen kann und nicht auf Zukäufe von außen angewiesen ist. Also ein hoch entwickeltes, nachhaltiges Ökosystem.
Besonders herausragend müssen aus heutiger Sicht Rudolf Steiners Anregungen zu den sogenannten „Präparaten" angesehen werden. Sie sind, vereinfacht gesagt, „homöopathische Mittel" für den Boden, für den Kompost und für die Pflanzen. Sie führen zu einer vermehrten Bodenaktivität und damit zu einer Verlebendigung des Bodens, wodurch sich die Pflanzen gesund und widerstandsfähig entwickeln können. Dies bestätigt auch der weltweit anerkannte DOK-Langzeitversuch des Schweizer Forschungsinstituts für biologischen Landbau (FiBL). Seit über 30 Jahren werden dort die Auswirkungen biologisch-dynamischer (D), biologisch-organischer (O) und konventioneller (K) Anbausysteme erforscht und auf ihre Vitalität miteinander verglichen.
Die Präparate ähneln vom Prinzip her den Substanzen, die Rudolf Steiner in der Medizin für die Menschen angeregt hatte und die heute noch in der anthroposophischen Medizin Verwendung finden. Rudolf Steiners Angaben zur Herstellung der landwirtschaftlichen Präparate sind weitreichend. Sie verlangen zum wirklichen Verständnis der Herstellungsprozesse neben chemischem und geologischem Wissen auch umfassende Kenntnisse über kosmische Wirkkräfte.

PRÄPARATE FÜR DEN HAUSGARTEN Rudolf Steiner führte die Zubereitung der Präparate so aus, dass diese selbst von den Landwirten auf ihren Höfen hergestellt werden konnten. Das geht natürlich nicht bei einem Hausgarten. Interessierte, die sich einer biodynamischen Hausgarten-Gruppe im Demeterverbund anschließen, erhalten im Rahmen der Mitgliedschaft die Präparateversorgung von dort. Im Demeter Lehr- und Schaugarten in Binzen, der an die Gärtnerei Berg angeschlossen ist, stellen wir unter fachkundiger Anleitung gemeinsam zu verschiedenen Terminen die Präparate her. Im baden-württembergischen Mäusdorf werden von der Familie von Wistinghausen ebenfalls zu verschiedenen Terminen Kurse zur Herstellung der Präparate angeboten. Auch von dort können die Präparate gekauft werden (siehe Service S. 186).

DEMETER-PRÄPARATE

Hornmist und Hornkiesel

Die beiden Präparate sind in der praktischen Handhabung im biologisch-dynamischen Garten unerlässlich. Sie verlebendigen den Boden und stärken die Pflanzen. Daher sollten Biogärtner sie kennen.

DAS HORNMIST-PRÄPARAT

Das Hornmist-Präparat ermöglicht eine bessere Beziehung der Pflanzen zum erdeigenen Umfeld und unterstützt sie so in ihrem Wachstumsprozess. Es kommt zu einer Verlebendigung des Bodens, indem zahlreiche Stoffwechselprozesse angeregt werden, die ohne die Anwendungen nicht stattfinden würden.

Für die Herstellung des Präparates werden Kuhhörner benötigt. Es dürfen keine Ochsen- oder Stierhörner verwendet werden. Die Kuhhörner erkennt man an den sogenannten Kälberringen, die sich pro geborenem Kalb am Horn der Mutterkuh bilden.

Die Kuhhörner werden im Herbst mit qualitativ hochwertigem Kuhmist gefüllt und in sehr belebter, humoser Erde vergraben, ca. 30 bis 40 cm tief. Über Winter kann das Horn die kosmischen Kräfte aufnehmen, bevor es um Ostern herum aus dem Boden genommen wird.

Dynamische Kräfte

Das Präparat wird vor dem Ausbringen in spezifischer Weise in Wasser gerührt. Diesen Vorgang nennt man dynamisieren. Dazu ist ein Topf, ein kleines Fass oder ein Krug notwendig. Das Gefäß sollte gerade Wände und eine zylindrische Form haben und aus Steingut, Holz oder Kupfer bestehen. Die Größe des Gefäßes richtet sich nach der Größe des Gartens. Für einen 250 qm großen Garten benötigt man beispielsweise ein Gefäß, das ca. 15 l fasst.

Nehmen Sie handwarmes (sofern möglich) Wasser und Hornmist-Präparat in der entsprechend benötigten Menge. Pro 100 qm Bearbeitungsfläche werden etwa 5 l Wasser mit 25 g Hornmist-Präparat benötigt. Suchen Sie sich dazu in Ihrem Garten einen Platz, an dem Sie sich gerne aufhalten. Wichtig ist, dass das Präparat nur von einer Person gerührt wird. Diese Menge wird in dem geradwandigen Gefäß mit einem Stock oder Bambusstab von außen nach innen gerührt, und zwar so, dass sich mit der Zeit ein möglichst tiefer Trichter im Gefäß bildet. Beginnen Sie dazu an der Außenwand mit langsamer Geschwindigkeit und kommen Sie zum Zentrum hin mit ansteigender Drehgeschwindigkeit. Haben Sie den tiefsten möglichen Punkt im Wirbel (Trichter) erreicht, halten Sie zwei Atemzüge inne. Dann setzen Sie den Stock wieder an der Außenwand an und wiederholen den Vorgang. Jetzt rühren Sie in die andere Richtung und werden dabei wieder zunehmend schneller. So wird eine Stunde lang, möglichst in der gleichen Intensität, gerührt. Haushalten Sie daher mit Ihren Kräften.

Einsatz im Garten

Nach einer Stunde ist das Präparat fertig gerührt und wird großtropfig, beispielsweise mit einem Handfeger, auf der zugedachten Fläche ausgebracht. Die günstigste Tageszeit ist nachmittags bis abends bei bedecktem Himmel. Es sollte innerhalb weniger Stunden nach dem Rühren ausgebracht werden, weil sich danach die Wirkung verringert. Das Gartenbeet ist anschließend bereit zur Aussaat oder Anpflanzung.

Das Hornmist-Präparat wird in einem Glasbehälter unter 10 cm Torf, nach allen Seiten geschützt, in einem größeren Behältnis, z. B. einer Holzkiste, aufbewahrt. Es sollte nicht austrocknen. Das Hornmist-Präparat hält bei sachgemäßer Lagerung etwa zwei bis drei Jahre.

DAS HORNKIESEL-PRÄPARAT

Dieses Präparat dient zur Unterstützung der wachsenden Pflanzen, der Fruchtreife und dem Geschmack. Es wird aus durchsichtigem Bergkristall, der nur geringe Verunreinigungen aufweist, hergestellt. Der Bergkristall wird zu Mehl, Staub und gröberen Bergkristallkörnchen (0,5 mm) zerrieben. Im Frühjahr zwischen Ostern und Pfingsten wird das mit Wasser angeteigte Bergkristallmehl in ein Kuhhorn gefüllt. Das Kuhhorn und dessen Spiraltendenz haben eine konzentrierende Wirkung auf die im Inneren stattfindenden biochemischen Prozesse. Das Horn wird in sehr belebten Boden 30 bis 40 cm tief eingegraben. Es nimmt die Sommerprozesse der Erde auf und konzentriert die Sommersonnenwirkungen im Präparat.

Der Hornkiesel wird nach den gleichen Grundregeln der Dynamisierung wie der Hornmist zubereitet. Pro 100 qm Bearbeitungsfläche 4 bis 5 l Wasser mit 0,5 g Hornkiesel. Auch hier sollte nur eine Person rühren.

Allerfeinste Wirkung
Im Gegensatz zum Hornmist-Präparat wird dieses Präparat nicht auf den Boden aufgebracht, sondern in feinster Verteilung auf die Pflanze gesprüht. Das gelingt am besten mit einer feinen Gartenspritze. Die wachsenden jungen Pflanzen spritzt man zunächst am frühen Morgen (etwa eine halbe Stunde vor Sonnenaufgang kann mit dem Dynamisieren begonnen werden), zur Fruchtreife wird dann spätnachmittags oder gegen Abend gespritzt. Klares Wetter fördert die Wirksamkeit. Kurz reifendes Gemüse, wie Salat oder Radieschen, erhält zweimal eine Spritzung: das erste Mal, wenn die charakteristischen vier oder fünf Blätter gebildet sind, und das zweite Mal ca. drei Wochen vor der Ernte. Bei länger reifenden Pflanzen, wie Erdbeeren oder Tomaten, wird fünf bis acht Mal während der gesamten Vegetationszeit gespritzt. Bei Kulturen, die später im Lager lange aufbewahrt werden sollen, sollte ca. vier Wochen vor der Ernte nochmals an drei aufeinanderfolgenden Abenden gespritzt werden.
Es wird ebenfalls an den pflanzentypischen Tagen gespritzt (Wurzelpflanzen an Wurzeltagen usw.). Das Präparat sollte innerhalb weniger Stunden nach dem Rühren ausgebracht sein, weil sich danach die Wirkung verringert. In einem Glas kann das ungerührte Präparat am sonnigen Fenster aufbewahrt werden, es hält etwa zwei bis drei Jahre.

[1.]

[2.]

[3.]

[4.]

GRUPPENPFLANZEN

und Präparate im Überblick

Berücksichtigt man die Gruppenzugehörigkeit der Pflanzen sowie die biodynamischen Präparate in der täglichen Gartenarbeit, werden die Pflanzen in ihrer gesunden Entwicklung unterstützt und das Bodenleben wird gefördert.

PFLANZENGRUPPEN: WURZEL, BLATT, BLÜTE UND FRUCHT

Auf die einzelnen Pflanzen wirken jeweils unterschiedliche kosmische Konstellationen. Im Hinblick auf die kosmischen Konstellationswirkungen werden sie in vier Gruppen eingeteilt: Wurzelpflanzen, Blattpflanzen, Blütenpflanzen und Fruchtpflanzen. Die Gruppenzugehörigkeit wird in der Regel immer von dem Pflanzenorgan bestimmt, das geerntet bzw. im Hauptinteresse der Nutzung steht. Nach diesem Prinzip können Sie die entsprechende Gruppenzugehörigkeit bei Bedarf leicht selbst bestimmen.

FRUCHTPFLANZEN [1.]

Merkmal: Im Hauptinteresse der Nutzung steht die Frucht der Pflanze.
Sternbilder: Widder, Löwe, Schütze
Pflanzen: Äpfel, Aprikosen, Auberginen, Birnen, Brombeeren, Buschbohnen, Erbsen, Erdbeeren, Feigen, Feuerbohnen, Gurken, Haselnüsse, Heidelbeeren, Himbeeren, Johannisbeeren, Jostabeeren, Kirschen, Kiwi, Kürbis, Mais, Melonen, Mirabellen, Nektarinen, Paprika, Pfirsiche, Pflaumen/Zwetschgen, Preiselbeeren, Quitten, Renekloden, Soja, Stachelbeeren, Stangenbohnen, Tomaten, Trauben, Walnüsse, Wildobst, Zucchini
Arbeiten zur Pflanzzeit: Aussaat, Um- und Neupflanzung, Dünger- und Kompostgaben, Hacken, Stecklinge bewurzeln, jeweils an Fruchttagen.
Arbeit zur Nicht-Pflanzzeit: Oberirdische Pflegearbeiten, z. B. Pflanzenschutz (nicht hacken, kein Rückschnitt), Schnitt von Stecklingen und Veredelungsreisern, Ernte, jeweils an Fruchttagen.

BLÜTENPFLANZEN [2.]

Merkmal: Im Hauptinteresse der Nutzung steht die Blüte der Pflanze.
Sternbilder: Wassermann, Zwillinge, Waage
Pflanzen: Artischocken, Balkonpflanzen (blühende), Blumenzwiebeln, Brokkoli, Kamille, Kübelpflanzen (blühende), Lavendel (Blütenernte), Rosen, Sommerblumen, Stauden (blühende)
Arbeiten zur Pflanzzeit: Aussaat, Um- und Neupflanzung, Dünger- und Kompostgaben, Hacken, Rückschnitt, Stecklinge bewurzeln, Blumenzwiebeln legen, Rasen mähen, wenn er langsam wachsen soll, jeweils an Blütentagen.
Arbeit zur Nicht-Pflanzzeit: Oberirdische Pflegearbeiten, z. B. Pflanzenschutz (nicht hacken, kein Rückschnitt), Schnitt von Stecklingen und Veredelungsreisern, Ernte (auch zur Trocknung), jeweils an Blütentagen.

BLATTPFLANZEN [3.]

Merkmal: Im Hauptinteresse der Nutzung stehen die Blätter der Pflanze.
Sternbilder: Fische, Krebs, Skorpion
Pflanzen: Balkonpflanzen (Blatt-), Basilikum, Blumenkohl, Bohnenkraut, Borretsch, Chinakohl, Chicorée/Treiberei, Eissalat, Endivien, Feldsalat, Garten-Melde, Grünkohl, Kerbel, Kohlrabi, Kopfsalat, Kübelpflanzen (Blatt-), Lauch/Porree, Mangold, Neuseeländer Spinat, Pak Choi, Petersilie, Pflücksalat, Radicchio, Rasen, Rhabarber, Römischer Salat, Rosenkohl, Rotkohl, Rucola, Schnittlauch, Schnittsalat, Spinat, Stangen-Sellerie, Stauden (Blatt-), Weißkohl, Wirsing, Zitronenmelisse, Zuckerhut
Arbeiten zur Pflanzzeit: Aussaat, Um- und Neupflanzung, Dünger- und Kompostgaben, Hacken, Rückschnitt, Stecklinge bewurzeln, Rasen und Wiese düngen, jeweils an Blatttagen.
Arbeit zur Nicht-Pflanzzeit: Oberirdische Pflegearbeiten, z. B. Pflanzenschutz (nicht hacken, kein Rückschnitt), Schnitt von Stecklingen und Veredelungsreisern, Ernte, Rasen mähen, wenn er schnell und dicht wachsen soll, jeweils an Blatttagen.

WURZELPFLANZEN [4.]

Merkmal: Im Hauptinteresse der Nutzung steht die Wurzel der Pflanze.
Sternbilder: Steinbock, Stier, Jungfrau
Pflanzen: Chicorée (Wurzelernte), Karotten/Möhren, Kartoffeln, Knollen-Fenchel, Knollen-Sellerie, Knoblauch, Meerrettich, Pastinake, Radieschen, Rettich, Rote Bete, Schwarzwurzeln, Süßkartoffeln, Topinambur, Zwiebeln
Arbeiten zur Pflanzzeit: Aussaat, Um- und Neupflanzung, Dünger- und Kompostgaben, Hacken, jeweils an Wurzeltagen.
Arbeit zur Nicht-Pflanzzeit: Oberirdische Pflegearbeiten, z. B. Pflanzenschutz (nicht hacken), Ernte, jeweils an Wurzeltagen.

HORNMIST-PRÄPARAT [1.]

Funktion: Es ermöglicht den Pflanzen eine bessere Beziehung zum erdeigenen Umfeld. Zahlreiche Stoffwechselprozesse und die Wurzeltätigkeit werden angeregt. Die oberirdischen Pflanzenteile werden so besser versorgt.
Material: Hornmist-Präparat, das über Winter in Kuhhörnern [→4.] „herangereift" ist sowie ein Topf, kleines Fass oder Krug.
Menge: Pro 100 qm Bearbeitungsfläche etwa 5 l Wasser mit 25 g Hornmist-Präparat rühren.
Anwendungszeit: Nachmittags bis abends bei bedecktem Himmel, innerhalb weniger Stunden nach dem Rühren. Den kosmisch richtigen Tag zur Bodenbearbeitung bestimmt die anzubauende Kultur, also Wurzelpflanzen an Wurzeltagen usw.
Anwendung: Großtropfig auf der zugedachten Fläche ausbringen.

HORNKIESEL-PRÄPARAT [2.]

Funktion: Das Hornkiesel-Präparat dient zur Unterstützung der wachsenden Pflanzen, der Fruchtreife und dem Geschmack. Es vermittelt kosmische Wärme- und Lichtkräfte.
Material: Hornkiesel-Präparat sowie ein Topf, kleines Fass oder Krug.
Menge: Pro 100 qm Bearbeitungsfläche 4 bis 5 l Wasser mit 0,5 g Hornkiesel.
Anwendung: In feinster Verteilung auf die Pflanze sprühen.

KOMPOST-PRÄPARATE [3.]

Funktion: Es wird eine gute Rotte des Komposts sowie die Anbindung der kosmischen Kräfte bewirkt.
Material: Präparate aus Eichenrinde, Kamillenblüten, Schafgarben und Baldrianblüten.
Anwendung: Impfung von Kompost. Siehe auch Seite 80 ff.

[1.]

[2.]

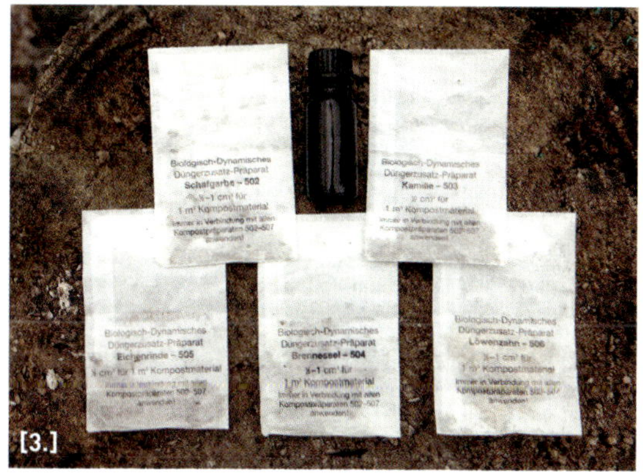
[3.]

[4.]

AUSSÄEN

Pflanzzeit im Garten

IM MÄRZ WIRD ES LANGSAM ZEIT, IN DIE NEUE GARTENSAISON ZU STARTEN. DRAUSSEN REGT SICH ERSTES GRÜN, UND AUCH IM GARTEN WIRD ES NUN ZEIT, MIT DER ARBEIT ZU BEGINNEN: SAATGUT WIRD AUF KEIMFÄHIGKEIT KONTROLLIERT, PFLÄNZCHEN WERDEN AUF DER FENSTERBANK VORGEZOGEN. BEI MILDEM WETTER KANN DER GARTENBODEN VORBEREITET WERDEN UND SCHON BALD BEGINNT DIE PFLANZZEIT DRAUSSEN IM FREIEN. DER FRÜHLING RUFT!

BIOSAATGUT

Die Qualität steckt im Samen

Verwenden Sie möglichst biologisch-dynamisches oder biologisches Saatgut. Die sich aus diesen Samen entwickelnden Pflanzen haben bereits durch ihre Vorfahren eine höhere Kommunikationsfähigkeit mit ihren Wurzeln im Boden.

SAMENFESTE SORTEN STATT HYBRID-SAATGUT

Achten Sie beim Kauf auf samenfeste Sorten. Pflanzen aus samenfesten Sorten besitzen dieselben positiven Eigenschaften wie die Mutterpflanze, und das eigene daraus gewonnene Saatgut kann im Gegensatz zu Hybriden für die nächste Aussaat verwendet werden. Hybridpflanzen sind in der Regel nicht vermehrungsfähig bzw. nicht in der Lage, die gewünschten Eigenschaften an die nächste Pflanzengeneration weiterzugeben. Kaufen Sie daher kein Hybrid-Saatgut, es ist leicht auf dem Etikett zu erkennen: Neben dem Sortennamen steht die Ergänzung „F_1" (botanisch bedeutet F *„filia"* – lateinisch „die Tochter").

PFLANZENHYBRIDE wurden zur weltweit einheitlichen Vermarktung durch besondere Verfahren auf Uniformität gezüchtet. Diese künstlichen Hybriden sind anfälliger für Krankheiten, da ihnen die wichtige Anpassungsfähigkeit an den regionalen Standort fehlt. Mehr als 70 % der weltweit verfügbaren Gemüsepflanzensorten stammen bereits aus Hybrid-Saatgut, das auf nur wenige Produktionssorten reduziert wurde. Die ehemals weltweite Kulturpflanzenvielfalt schwindet so immer mehr.

LANGLEBIGES SAATGUT

Wichtig für die Qualität des Saatguts ist auch seine Keimfähigkeit. Die Dauer der Keimfähigkeit variiert je nach Pflanzenart. Unter den Gemüsearten gelten die Nachtschattengewächse, wie Tomaten, Auberginen und Paprika, mit einer Keimfähigkeit von über fünf Jahren als sehr langlebig. Auch Kohl- und Kürbisgewächse, wie Gurke, Kürbis und Zucchini, keimen noch nach vier bis fünf Jahren. Ohne Probleme lassen sich auch Feldsalat, Rote Bete und Mangold noch nach Jahren aussäen. Schnittlauch-, Pastinaken- und Schwarzwurzelsamen allerdings verlieren sehr schnell ihre Keimfähigkeit, in der Regel nach einem Jahr.

Keimprobe: Saatgut testen

Mit dieser einfachen Keimprobe können Sie die Keimfähigkeit Ihres Saatguts testen: Zählen Sie bei großen Samen, wie Bohnen oder Erbsen, zehn Samen ab, bei kleineren Samen 20 oder mehr (Sie können auch 100 Samen nehmen, wenn Sie nicht so viel rechnen möchten), und legen Sie diese auf ein feuchtes Küchenpapier. Rollen Sie das Küchenpapier mit den Samen anschließend ein und legen Sie es in einen Plastikbeutel, in den Sie zuvor einige kleine Löcher geschnitten haben. Halten Sie dann den Beutel warm (ca. 20 bis 25 °C). Innerhalb weniger Tage bilden sich nun Keimlinge.

Eine hohe Keimfähigkeit von über 80 % ist ideal. Liegt die Keimfähigkeit zwischen 60 und 80 %, müssen die Samen dichter ausgesät werden. Liegt die Keimfähigkeit unter 60 %, sollten Sie die Samen nicht mehr für den Gemüseanbau verwenden. Diese Samen haben erfahrungsgemäß nur noch wenig Triebkraft, sie wachsen zögerlich und liefern keine guten Erträge mehr.

SAATGUT RICHTIG LAGERN

Qualitativ hochwertiges Saatgut kann, wenn es sachgerecht gelagert wird, jahrelang verwendet werden, auch über das Haltbarkeitsdatum hinaus. Die Samen sollten an einem dunklen, trockenen und kühlen Ort mit möglichst konstanten Temperaturen lagern (optimale Lagerungstemperatur 4 bis 10 °C). Achten Sie darauf, dass das Saatgut ausreichend trocken ist und schützen Sie es vor Mäuse- und Mottenfraß. Für die Aufbewahrung bieten sich dunkle Schraubgläser an, die zusätzlich licht- und temperaturgeschützt in einen Karton oder in eine Schachtel mit Deckel gestellt werden können. Versehen Sie abschließend die Behältnisse mit den gärtnerisch relevanten Daten wie Pflanzenart, Sorte, Ernte- und Kaufdatum.

Die Qualität der Pflanze steckt im Samen: Qualitativ hochwertiges Saatgut ist eine wichtige Grundlage für den gärtnerischen Erfolg, für eine gute Ernte und für die gesunde Ernährung der Menschen.

FÜR DIE AUSSAATERDE MUSS DER KOMPOST EIN JAHR GEREIFT SEIN.

[a]

DAS IST *wirklich* WICHTIG

[a] DER KOMPOST muss gut gesiebt werden, damit die Erde keine groben Bestandteile mehr enthält.

[b] KOMPOST, SAND UND GESTEINSMEHL sind die drei Grundbestandteile für gute Aussaaterde. Beim Herstellen der Mischung werden sie innig miteinander vermengt.

[c] DAS FEINE GESTEINSMEHL versorgt die Sämlinge mit Mineralstoffen.

[d] DIE GROBEN KOMPOSTBESTANDTEILE kommen auf das Zeitungspapier in der Aussaatkiste und dienen als unterste „Drainageschicht".

[b]

[c]

[d]

AUSSAATERDE

selbst herstellen

Wer seine Pflänzchen selbst heranzieht, kann in wenigen Schritten eigene Aussaat- und Pikiererde herstellen. Sie brauchen dazu nur etwas Kompost, Sand und Gesteinsmehl.

OPTIMALE ERDE-SAND-MISCHUNG

Aus Komposterde kann man eigene Aussaat- und Pikiererde herstellen. Dazu wird etwa 40 bis 50 l reifer, ca. ein Jahr alter Kompost gesiebt **[→a]**. Die Maschenweite des Siebes sollte ca. 15 mm × 15 mm betragen. Sie können ein schräg stehendes Sieb oder ein rundes Sandsieb, 5 mm × 5 mm, verwenden. Wichtig ist, dass die Aussaaterde nach dem Sieben keine groben Teile mehr enthält. Die ausgesiebten, groben Teile werden anschließend wieder in den Kompost gegeben.
Die fein gesiebte Aussaaterde wird nun mit etwa 30 l Maulwurfserde, die den mineralischen Anteil der Erde erhöht, gemischt. Danach werden zusätzlich etwa 10 l Sand (beispielsweise aus dem Baumarkt) **[→b]** hinzugegeben und abschließend etwas Gesteinsmehl (siehe S. 78) darübergestreut **[→c]**. So bekommen die jungen Pflanzen einen entsprechend guten Mineralstoffausgleich. Fügen Sie dieser Aussaatmischung keinen weiteren Dünger hinzu, denn die Sämlinge brauchen für ein gesundes, kräftiges Heranwachsen nährstoffarme Erde. Wenn Sie der Mischung noch zuvor gerührtes Hornmist-Präparat beigeben (siehe S. 36), unterstützen Sie die künftigen Pflänzchen zusätzlich in einem gesunden, freudigen Wachstum.

AUSSAATKISTEN VORBEREITEN

Für eine Aussaat in Kisten kann man sowohl Plastikkisten als auch Holzkisten verwenden. Holzkisten sollten unten am Boden zusätzlich mit Papier ausgelegt werden **[→d]**, damit das Gießwasser nicht zu schnell austreten kann. Achten Sie beim Arbeiten auf eine rückenfreundliche Höhe Ihres Arbeitstisches!
Der Boden der Aussaatkiste wird zunächst mit Siebresten – wenn vorhanden – bedeckt, damit später kein Gießwasser in der Kiste stehen bleiben kann. Zudem spart man sich durch das Füllmaterial etwas von der kostbaren Aussaaterde, da die Jungpflanzen nur maximal vier bis fünf Wochen in der Kiste verbleiben und in dieser Zeit nicht allzu viel Wurzelraum benötigen.

MAULWURFSERDE können Sie bei einem Spaziergang auf einer Wiese mitnehmen. Sicher gibt es auch in Ihrer Nähe noch Felder, auf denen sich das Tierchen austoben darf.

DAS IST *wirklich* WICHTIG

[a] IN DIE VORBEREITETE SAATKISTE wird die Aussaaterde gefüllt und eine feine Schicht Jungpflanzenerde darübergesiebt.

[b] DIE ERDE WIRD MÄSSIG ANGEDRÜCKT, damit eine ebene Fläche in der Saatkiste entsteht. So können beim Angießen die Samen nicht in die Löcher schwimmen.

[c] DIE SAMEN WERDEN VERTEILT. Je gleichmäßiger die Samen verteilt werden und je mehr Platz wir dem Keimling lassen, desto kräftigere Jungpflanzen können heranwachsen.

ZUM KEIMEN BRAUCHEN SÄMLINGE FEINE ERDE.

[a]

[b]

[c]

AUSSAAT IN KISTEN

Pflanzenjungen im Haus aufziehen

Im Frühjahr wird es Zeit, erste Kulturen auf der Fensterbank vorzuziehen, um später die robusten Jungpflanzen im Garten auszupflanzen. Die Samen werden zunächst in kleine Kisten ausgesät und dann in wenigen Wochen vereinzelt.

MIT DER ERDE VERBINDEN

Wenn Sie eigene Aussaaterde hergestellt haben (siehe S. 45), können Sie diese nun in kleine Kisten füllen. Sie können aber natürlich auch Bioerde für Anzuchten aus dem Fachhandel erwerben.
Beim Befüllen der Kisten sollten Sie darauf achten, die Erde besonders in den Ecken etwas einzudrücken, da die Ecken immer dazu neigen, beim Gießen nachzusacken [→a]. Danach wird die Erde am besten mithilfe eines Brettchens geebnet und etwas angedrückt [→b]. Anschließend wird noch etwas Aussaaterde über die Kiste gesiebt. Gesiebte Aussaaterde ist besonders für feine Aussaaten wie Basilikum, Salate und Selleriearten wichtig, da die Keimlinge im Boden besser anwachsen können.
Die anfallenden Siebreste werden aufbewahrt und bilden beispielsweise das Bodenmaterial für die nächste Kiste. Ebenso können die kostbaren Aussaaterdreste, die beim Arbeiten auf den Tisch fallen, für die nächste Kiste oder Ähnliches verwendet werden.

Licht- und Dunkelkeimer

Beim Aufkeimen der Samen werden sogenannte Licht- und Dunkelkeimer unterschieden. Beim Aussäen von Dunkelkeimern müssen die Samen mit einer feinen Schicht Erde bedeckt werden. Lichtkeimer werden nicht mit Erde bedeckt [→c]. Geben Sie bei den Dunkelkeimern die Erde möglichst fein und gleichmäßig über die Samen, denn die Keimlinge müssen durch diese feine Schicht das „Licht der Welt" erblicken.
Gängige Dunkelkeimer sind Paprika, Tomaten, Kohl, Lauch, Gurke, Kürbis, Tulpen, Lilien.
Gängige Lichtkeimer sind Basilikum, Salate, Möhren, Rasen, Pfingstrosen.

GIESSEN MIT DER SAATBRAUSE

Das anschließende Angießen der Samen sollte immer äußerst sorgsam erfolgen. Wichtig ist, dass man eine geeignete, kleinere Gießkanne mit einem feinen Brauseaufsatz (Saatbrause) verwendet. Damit die Samen nicht ausgeschwemmt werden, sollte man zusätzlich den Brausestrahl so lange außerhalb der Saatkiste halten, bis er einen gleichmäßigen, feinen, „brausigen" Strahl gebildet hat. Sie können die Saatkiste zusätzlich mit einem Vlies abdecken, um eine wachstumsfördernde, gleichmäßigere Feuchte und ein besseres Kleinklima in der Kiste zu erhalten. Das Vlies muss aber sofort nach erfolgter Keimung wieder abgenommen werden.
Beobachten Sie nun täglich Ihre Saatkiste. Sobald die Keimlinge sichtbar werden, müssen einzelne Bereiche der Erde von ihnen angehoben werden. Denn es ist ein wahrer Kraftakt für die Winzlinge, „mit ihren Schultern" die Erde zu durchstoßen, sich anschließend gleichsam aufzurichten und ihre Keimblätter voll zu entfalten. Das leichte Gießen mit der Saatbrause unterstützt die Keimlinge, da die angehobene Erde dabei von den Keimlingen gespült wird.
Die Saatkiste sollte immer an einem hellen Ort stehen, damit die Jungpflanzen möglichst keinen Geilwuchs entwickeln, um das Sonnenlicht zu suchen. Zudem sollten Sie die Kiste mit einem Etikett versehen, das mit Pflanzensorte und Aussaatdatum beschriftet ist.

[a]

[b]

[c]

DAS IST *wirklich* WICHTIG

[a] DER TOPF wird mit Jungpflanzenerde gefüllt und diese leicht angedrückt.

[b] DER SÄMLING wird vorsichtig der Saatkiste entnommen und die Wurzeln auf ca. 2 cm eingekürzt.

[c] EIN TIEFES PFLANZLOCH ist wichtig, damit die Pflanzen vom Wurzelhals bis zu den Keimblättern neue Wurzeln bilden.

[d] DER WURZELHALS DARF ganz in der Erde verschwinden. Vorsicht beim Andrücken, damit er nicht abgeknickt wird.

[d]

PIKIEREN

Platz für Sämlinge

Pikieren bedeutet, die jungen Pflänzchen einige Zeit nach der Aussaat zu vereinzeln, damit sie mehr Platz haben, um zu kräftigen, gesunden Pflanzen heranwachsen zu können.

Nach der Aussaat stehen die Keimlinge dicht gedrängt nebeneinander. Sobald sie die ersten pflanzentypischen Blätter ausgebildet haben, brauchen sie mehr Platz und werden aus der Saatschale in größere Töpfe oder mit ausreichendem Pflanzabstand direkt ins Freie gesetzt.
Das Vereinzeln der noch zarten Pflänzchen geschieht mit einem Pikierstab oder einem angespitzten Stöckchen bzw. Essstäbchen. Der einzelne Sämling wird vorsichtig am unteren Ende gehalten und die Wurzel mit dem Pikierstab aus der Erde gelöst. Anschließend werden die Pflänzchen alleine, zu zweit oder zu dritt in größere Anzuchttöpfe oder gleich ins Freie gesetzt und sorgfältig mit einer feinen Brause gegossen. Pflanzen Sie nur die kräftigsten Keimlinge um. Nur aus ihnen werden schöne, gesunde Pflanzen heranwachsen. Die übrigen Pflänzchen kommen in den Kompost.

NÄHRSTOFFE FÜR HALBWÜCHSIGE

Wenn Sie eigene Aussaaterde hergestellt haben (siehe S. 45), können Sie die Erde-Sand-Mischung nun auch zum Pikieren Ihrer Pflänzchen verwenden. Da Erden für Aussaaten jedoch grundsätzlich nährstoffarm sind, ist eine leichte Zugabe von Hornmehl empfehlenswert, etwa 40 g je 10 l fertiger Erde.

Durch das Hornmehl wird der jungen Pflanze im Pikiergefäß nach etwa zwei Wochen kontinuierlich etwas mehr Stickstoff zur Verfügung gestellt und sie wächst dadurch „freudiger". Anstelle des Hornmehls kann man den pikierten Jungpflänzchen nach dem Anwachsen in regelmäßigen Abständen Brennnessel-Jauche ins Gießwasser geben. Auch sie kann den Stickstoffbedarf der Jungpflanzen decken. Mangelt es der Pflanze an verfügbarem Stickstoff, werden die Blätter etwas heller und das Wachstum verlangsamt sich. Geben Sie nicht zu viel Jauche, die Pflanzen benötigen später im Beet ihren „Stickstoff-Suchtrieb", der ihnen durch die Brennnesselgaben nicht verloren gehen darf.

ANS FREIE GEWÖHNEN

Ob die Keimlinge gleich ins Freilandbeet oder erst in Aussaattöpfe gepflanzt werden, richtet sich nach den Temperaturen und nach der Pflanzenart. Viele wärmeliebende Kulturen, wie beispielsweise Gurken, Tomaten oder Kräuter, sollten erst ab Mitte Mai nach den Eisheiligen ins Freie gesetzt werden. Zu diesem Zeitpunkt sind keine Nachtfröste mehr zu erwarten. Bei der Voranzucht im Haus empfiehlt es sich, die Keimlinge ein paar Tage vor der Verpflanzung ins Freie an die neuen Bedingungen zu gewöhnen und sie tagsüber einige Stunden an einem geschützten Ort nach draußen zu stellen.

[a]

DAS IST *wirklich* WICHTIG

[a] DER ERSTE SCHRITT zur Beetvorbereitung ist die flache Entfernung der Unkräuter auf dem Beet. Bei Samenunkräutern können die Wurzeln problemlos in der Erde verbleiben.

[b] MIT DER HORNMISTGABE zur Bodenbearbeitung wird auf „homöopathische" Weise das Bodenleben in seiner Aktivität angeregt.

[c] BEIM LOCKERN MIT DER GRABEGABEL darf keine Wendung der Bodenschichten stattfinden.

[d] DER KRAIL ist das beste Gerät zur nachfolgenden lockernden Bodenbewegung.

[e] DER RECHEN lässt zum Schluss ein ebenes Beet entstehen. Hier ist es für die Pflanzen eine Freude, das Wurzelwerk im Boden zu entwickeln.

[c]

[b]

[d]

[e]

GARTENBEETE

für die Aussaat gut vorbereiten

Ein richtig bearbeiteter Boden schafft optimale Voraussetzungen für das Gedeihen unserer Pflanzen, insbesondere unserer Wurzelgemüse. Auf ein vorheriges Umgraben des Bodens sollten wir im Biogarten jedoch verzichten.

DAS FELD RÄUMEN

Bereiten Sie zu Beginn der Aussaat das Beet gründlich vor. Samenbeikräuter wie Vogelmiere, Franzosenkraut oder Kreuzkraut werden dazu mit einer Blatthacke etwa 1 bis 1,5 cm flach abgeräumt [→a]. Wurzelbeikräuter wie Löwenzahn müssen tiefer ausgegraben werden, da jedes Wurzelstück dieser Pflanzen weiterwächst und zu erneutem Beikrautbewuchs führen würde. Die abgeräumten Beikräuter sowie Grasbüschel kommen zerkleinert in den Kompost. Die Wurzeln der Grasbüschel werden auseinandergerupft und wieder in den Boden eingearbeitet, da die fein ausgebildeten Gräserwurzeln sehr wichtig für das Bodenleben sind.
Anschließend wird das eine Stunde gerührte Hornmist-Präparat (siehe S. 36) auf das vorbereitete Beet großtropfig, beispielsweise mit einem Handfeger, ausgebracht [→b].

BODENLOCKERUNG MIT DER GRABEGABEL

Für die darauffolgende, nicht wendende Bodenbearbeitung zur Bodenlockerung wird die Grabegabel verwendet. Durch die weit auseinanderstehenden einzelnen Zinken werden nur wenige Regenwürmer beim Lockern geteilt. Zudem ist das Arbeiten mit der Grabegabel viel weniger anstrengend als das Arbeiten mit dem Spaten. Man sticht hierbei die Grabegabel leicht schräg bis zum Anschlag in den Boden, hebt sie etwas nach oben an (1 bis 2 cm) und drückt sie anschließend etwas von sich weg zur anderen Seite hin [→c]. Dabei bewegt sich der Oberkörper mit nach vorne. Achten Sie auf eine aufrechte Körperhaltung, das schont Ihren Rücken.

KOMPOST AUFBRINGEN

Auf das bearbeitete Beet wird anschließend, je nach geplanter Pflanzen- oder Gemüseart, Kompost aufgebracht und sofort mit dem Krail oberflächlich in den Boden eingearbeitet [→d]. Der beste Zeitraum hierfür ist in der Vegetationsperiode von Mitte März bis Mitte Oktober. Dann ist die Bodentemperatur in der Regel über 8 °C und der Kompost kann seine für das Bodenleben wichtige „Hefewirkung" voll entfalten. Zudem sind die Bodenorganismen ab dieser Temperatur in der Lage, mit ihrer Verdauung zu beginnen. Diesen Vorgang nennt man „Lebendverbauung im Boden".

Feine Bodenstruktur

Mit dem Schwanenhals-Vierzahn, auch Krail genannt, werden anschließend die an der Oberfläche liegenden Erdklumpen bis zu einer Tiefe von etwa 8 bis 10 cm zerkleinert. Dazu schieben Sie den Vierzahn diagonal über das Beet.
Mit einem langstieligen Rechen zum aufrechten Arbeiten werden abschließend die oberirdischen restlichen Erdklumpen bis zu einer Tiefe von 4 bis 6 cm ganz flach weggenommen, damit das Saatbeet in den ersten ein bis zwei Zentimetern eine vollständig reine, feine Bodenstruktur hat [→e].

SIE KÖNNEN DIE QUALITÄT IHRER BODENVORBEREITUNG TESTEN, indem Sie versuchen, mit der bloßen Hand bis zum Knöchel am Handgelenk ohne Anstrengung in den Boden zu gelangen. Gelingt Ihnen dies ohne Mühe, ist der Boden optimal für die Möhren und andere Tiefwurzler vorbereitet.

DAS IST *wirklich* WICHTIG

[a] MIT DEM REIHENZIEHER werden die Reihen gemeinsam auf dem Beet markiert. Ob für die Saat oder das Pflanzen.

[b] EIN ZOLLSTOCK kann bei Pflanzabständen in der Reihe hilfreich sein, z. B. bei Kulturen wie Radieschen oder Rettich.

[c] DER GLEICHMÄSSIGE REIHENABSTAND erleichtert später das Hacken zwischen den Reihen. Hier beispielsweise mit der Pendelhacke.

[d] DIE SAATRILLE wird leicht mit den Fingern geschlossen. Das Etikett gibt Auskunft, was gesät wurde.

DIE PFLANZENART BESTIMMT DEN ABSTAND.

[a]

[b]

[c]

[d]

AUSSAAT UND PFLANZUNG

direkt im Beet

Wenn der Boden vorbereitet ist, heißt es ab Mitte Mai: Pflanzzeit! Samen können direkt ins Beet gesät und vorgezogene Jungpflanzen ausgepflanzt werden. Die Jungpflanzen müssen vor dem Umzug ins Freie gut abgehärtet werden!

Nach der gründlichen Bodenvorbereitung werden für die Aussaat nun die Saatrillen festgelegt und der Beetanfang mit Etiketten markiert, auf denen die jeweils relevanten Kulturdaten wie Sorte, Aussaat/Pflanzdatum festgehalten sind. Eine optimale Beetbreite liegt zwischen 110 und 120 cm. Breiter sollte ein Beet nicht sein, da es sonst schwerer zu bearbeiten ist.

RILLEN ZIEHEN

Mit einem sogenannten Reihenzieher, einem halb professionellen Gerät, kann man anschließend die Saatrillen ziehen **[→a]**. Mit dem Reihenzieher lässt sich nicht nur der Abstand der Rillen zueinander individuell einstellen, sondern gleichzeitig noch die jeweilige Rillentiefe. Wenn Sie keinen Reihenzieher haben, können Sie mit einem Stiel die Reihen ziehen. Mithilfe einer gespannten Schnur erhalten Sie gerade Rillen. Je gerader die Rillen, desto deutlicher sind die Saatreihen und desto einfacher wird die spätere Beikrautbekämpfung.

AUF ABSTAND IM BEET

Achten Sie beim Aussäen der jeweiligen Kultur auf gleichmäßige und optimale Abstände im Beet. So müssen Sie später weniger vereinzeln **[→b]**. Der Abstand der Kulturen richtet sich nach den Ansprüchen der Gemüseart und nach der Größe der vorhandenen Hacke (Hackenbreite plus 3 bis 4 cm ergibt die optimale Reihenbreite). Nach dem Aussäen wird die Saatrille von Hand geschlossen, sodass die Samen etwa einen halben Zentimeter, maximal einen Zentimeter, unter der Erde liegen **[→d]**. Im Frühjahr kann man zum schnelleren Keimen ein Vlies über die Saat legen.

Beliebte Gemüse
Radieschen beispielsweise werden im Abstand von 2 cm gesät. Legen Sie sich gegebenenfalls einen Zollstock neben die Reihe. Radieschen oder Kresse werden alle zehn Tage in kleinen Einheiten neu ausgesät, damit Sie immer eine überschaubare Menge ernten können und nicht alle Radieschen gleichzeitig reif sind. Rettich wird „gestupft", d. h., die Rettichsamen werden immer paarweise alle 10 cm auf der Saatrille in die Erde gedrückt, damit man später den schöneren der beiden Rettiche vereinzeln kann. Die andere Rettichpflanze kommt in den Kompost. Pflanzabstände weiterer, beliebter Gemüsekulturen finden Sie auf Seite 138/139.

JUNGPFLANZEN KOMMEN INS BEET

Auch beim Auspflanzen der Jungpflanzen ist es wichtig, auf den Platzbedarf sowie die Wuchshöhe der einzelnen Pflanzenarten zu achten. Bei Kräutern und Blumen unterscheidet man zwischen ein- und mehrjährigem Wuchs. Die Einjährigen können hierbei zwischen die Zwei- und Mehrjährigen gepflanzt werden. Große Pflanzen sollten in die Mitte des Beetes gesetzt werden, sie sorgen dort für die gestalterische Tiefe des Beetes. Wer einzelne Akzente im Beet erwirken möchte, z. B. Blütenfülle oder -farbe, sollte immer Gruppen von drei bis fünf Pflanzen zusammensetzen.
Vor dem Auspflanzen müssen die Sämlinge ausreichend gewässert werden. Anschließend werden Pflanzenlöcher ausgehoben, die mindestens doppelt so groß wie die Wurzelballen der Pflanzen sind. Damit die Pflanzen gut im Gartenboden anwachsen, muss nach dem Einpflanzen nochmals gründlich gewässert werden.

[a]

[b]

[c]

[d]

DAS IST *wirklich* WICHTIG

[a] ICH KANN ES KAUM ERWARTEN, bis die ersten Keimlinge auflaufen. Zeigen sich die Ersten im Beet, kann vorsichtig mit der Lockerung zur Unkrautbekämpfung begonnen werden.

[b] IST DIE SAATREIHE SICHTBAR, müssen wir sie beobachten, um frühzeitig Aktionen gegen Schädlinge wie Schnecken oder Erdflöhe einzuleiten.

[c] DAS KEIMBLATTSTADIUM ist der beste Zeitpunkt, um in der Saatreihe genügend Platz für die kräftigsten Pflanzen zu schaffen.

[d] DABEI BEDIENT man sich einer einfachen „Körpermaß-Tabelle“: 1 Fingerbreit = 2 cm (gut für Radieschen), 1 Handspanne = 25 cm (gut für Kopfsalate).

PFLANZEN VEREINZELN

Kein Gedränge im Beet

Ist Ihre Saat im Gartenbeet zu dicht geraten, muss sie möglichst frühzeitig vereinzelt werden. Wenn die Pflanzenart es zulässt, können die dazwischen herausgezogenen Pflänzchen an anderer Stelle wieder eingepflanzt werden.

Versuchen Sie eine zu dichte Saat jedoch bereits bei der Aussaat zu vermeiden. Beim späteren Vereinzeln im Beet müssen sonst unnötig viele kleine gekeimte Pflänzchen aus der Reihe entfernt werden. Das macht Arbeit und der Samen hat auch Ihr Geld gekostet. Zudem lassen sich manche Gemüse nicht problemlos verpflanzen. Möhren werden beispielsweise in aller Regel beinig, d. h., die Möhre bekommt anstelle einer Wurzel mehrere sogenannte „Beine".

TRICKS FÜR GUTE ABSTÄNDE

Erfahrungsgemäß geschieht eine zu dichte Aussaat vor allem bei Möhren und Salaten. Das können Sie folgendermaßen vermeiden: Mischen Sie in die Samen trockenen Sand oder wirklich alte, nicht keimfähige Samen der gleichen Art. So werden die Abstände zwangsläufig größer.
Sie können im Fachhandel auch eine technische Saatgutform kaufen, z. B. Samenpillen oder ein Saatband. In dieser Form sind die Samen allerdings nicht so lange lagerfähig. Kaufen Sie deshalb immer nur den Bedarf für ein Jahr gemäß Ihrer Anbauplanung.

SCHNELLES GEMÜSE: RADIESCHEN

Etwa ein bis zwei Wochen nach der Aussaat werden z. B. Radieschen vereinzelt. Das schnelle Gemüse bekommt so genügend Platz, um schöne Knollen bilden zu können. Die Radieschen keimen auch, wenn sie nicht gewässert werden, da sie sehr keimfreudig sind. Der Abstand zwischen den einzelnen Radieschenpflanzen zueinander sollte etwa zwei Fingerbreit betragen. Zu eng stehende Radieschenpflanzen werden aus der Saatreihe herausgezogen und in den Kompost gegeben. Sparen Sie sich die Mühe, diese Pflänzchen wieder einzupflanzen. Sie werden keine schönen Knollen bilden. Gießen Sie anschließend die Pflänzchen.

BLUMENJUNGPFLANZEN

Sommerblumen können direkt auf einem separaten Saatbeet ausgesät und herangezogen werden. Sie werden später nicht vereinzelt, sondern die Kräftigsten von ihnen werden in ein anderes Beet umgepflanzt. Das Gleiche gilt auch für Kohl, Lauch und Salat. Achten Sie dabei auf den richtigen Pflanzabstand (siehe Tabelle S. 138/139 und S. 182/183).

PFLANZENFAMILIEN

erkennen und verstehen

Das Pflanzenreich ist in Familien gegliedert. Die Familienmitglieder lassen sich an Merkmalen wie der Blüte gut erkennen. Bei der Fruchtfolge ist dieses Wissen von unschätzbarem Wert.

NACHTSCHATTENGEWÄCHSE [1.]

Solanaceae

Erkennungszeichen: Charakteristisch sind die fünfzähligen Kelch- und Blütenblätter, die zudem oft miteinander verwachsen sind. Kronenblätter sind oft zu Röhren oder Trichtern verwachsen.

Pflanzenvertreter: Tomate, Aubergine, Paprika, Kartoffel, Zier-Tabak, Physalis, Petunie, Engelstrompete

Anbau: Mittel- bis Starkzehrer; es empfiehlt sich daher eine Anbaupause von zwei Jahren, um den Boden zu schonen. Ein Anbau im Folgejahr wird aber vertragen.

Besonderheit: Viele Pflanzen enthalten Gift- und Rauschstoffe (Alkaloide, Steroide).

KÜRBISGEWÄCHSE [2.]

Cucurbitaceae

Erkennungszeichen: Meist krautige Pflanzen mit Ranken und tiefen Pfahlwurzeln sowie dichtes Netz an Seitenwurzeln (bodennah). Große, auffällige Blütenblätter mit charakteristischem Fruchtknoten (unterhalb der Kelchblätter).

Pflanzenvertreter: Gurke, Kürbis, Melone, Zucchini

Anbau: Starkzehrer; daher im Folgejahr schwachzehrende Arten wählen. Auf gute Düngung achten. Ideal ist der Anbau in Mischkulturen.

Besonderheit: Ausgehöhlte Früchte des Flaschen- und Wachskürbisses können als natürliche Vorratsgefäße dienen.

LIPPENBLÜTLER [3.]

Lamiaceae

Erkennungszeichen: Die Blütenblätter stehen oft in dichten Scheinquirlen zusammen. Oft ist die Sprossachse vierkantig. Nebenblätter fehlen.

Pflanzenvertreter: Basilikum, Bohnenkraut, Lavendel, Pfefferminze, Salbei, Zitronenmelisse, Taubnessel, Thymian, Rosmarin

Anbau: In wintermilden Regionen als Gewürz- und Heilpflanzen ideal. Interessant und farbenprächtig sind spezielle Zierpflanzensorten, z. B. Buntnessel, Indianernessel und Katzenminze.

Besonderheit: Viele Arten enthalten aromatisch duftende ätherische Öle.

SCHMETTERLINGSBLÜTLER [4.]

Fabaceae

Erkennungszeichen: Einzelblüten in trauben-, ähren- oder körbchenartiger Anordnung. Die Kelchblätter bilden charakteristische Schiffchen, Fahnen, Flügel.

Pflanzenvertreter: Busch-/Stangenbohne, Erbse, Kichererbse, Linse, Lupine, Luzerne, Ginster, Wicke
Anbau: Bei Bohnen sollten mindestens drei, bei Erbsen mindestens fünf Jahre zwischen dem Anbau liegen.
Tipp: Belassen Sie die Wurzeln von Schmetterlingsblütlern nach der Ernte im Boden. Die Nachkultur kann dann direkt vom darin gespeicherten Stickstoff profitieren. Wertvoller Gründünger!

DOLDENBLÜTLER [5.]

Apiaceae
Erkennungszeichen: Große Blütenstände in charakteristischer Doldenform mit unscheinbaren Kelchblättern.
Pflanzenvertreter: Karotte, Petersilie, Knollen-/Stangen-Sellerie, Pastinake, Dill, Koriander, Fenchel
Anbau: Halten Sie mindestens zwei Jahre Anbauabstand ein, um den Boden zu schonen.
Besonderheit: Viele Pflanzen enthalten ätherische Öle und finden vielfältige Verwendung als Gewürz- und Heilpflanzen. Ausnahme: Karotte und Pastinake, die als dankbares und nahrhaftes Gemüse geschätzt sind.

KORBBLÜTLER [6.]

Asteraceae
Erkennungszeichen: Stolze und farbenprächtige Körbchenblüten aus unzähligen Einzelblütchen.
Pflanzenvertreter: Artischocke, Kamille, Ringelblume, Chicorée, Kopfsalat, Endivie, Topinambur, Schwarzwurzel, Kosmee, Dahlie, Gazanie, Tagetes, Sonnenblume, Franzosenkraut
Anbau: Kann nach einem Jahr Anbaupause problemlos wieder auf die Fläche. Sehr gut für pflegeleichte Vor- und Nachkulturen geeignet, ideal sind hierbei sämtliche Salate.
Besonderheit: Viele Pflanzen enthalten ätherische Öle und als „Reservestoff" sogar Inulin, das einen hohen medizinischen und ernährungsphysiologischen Wert besitzt.

ZWIEBELGEWÄCHSE [7.]

Alliaceae
Erkennungszeichen: Ganzrandiges Laub mit parallelen Blattnerven. Als Überdauerungsorgane werden die charakteristischen Zwiebeln ausgebildet.
Pflanzenvertreter: Sämtliche Zwiebelarten, Lauch, Schnittlauch, Knoblauch
Anbau: Ein Abstand zwischen den Kulturen von mindestens zwei Jahren ist empfehlenswert, um den Boden zu schonen.
Tipp: Lauch, speziell Knoblauch, wirkt effektiv gegen die Kräuselkrankheit an Pfirsich- und Mandelbäumen. Ähnliche Wirkung, aber optisch schöner: Zier-Lauch mit besonders dekorativen Blüten.

KREUZBLÜTLER [8.]

Brassicaceae
Erkennungszeichen: Vier Blütenblätter in charakteristischer Kreuzform.
Pflanzenvertreter: Sämtliche Kohlarten, Senf, Radieschen, Kresse, Rettich, Rucola, Steckrübe, Asiagemüse
Anbau: Durch ihre hohen Nährstoffansprüche laugen die Kreuzblütler den Boden sehr schnell aus. Die Anbaupausen sollten daher mindestens fünf Jahre betragen. Mischkulturen erleichtern den Anbau und decken den Eigenbedarf an den jeweiligen Gemüsearten.
Tipp: Klassikerbeet: Radieschen, Grün-/Rotkohl und Kohlrabi. Pflegeleicht, attraktiv und ergiebig.

[5.]

[6.]

[7.]

[8.]

[a]

[c]

[b]

DAS IST *wirklich* WICHTIG

[a] DIE GRASNARBE WIRD ABGETRAGEN und das Pflanzloch tief genug ausgehoben, ca. ein Drittel größer als der Wurzelballen des Baumes.

[b] MIT DER AUSGEHOBENEN ERDE und gutem Kompost wird das Pflanzloch befüllt.

[c] DEN BAUM STELLT MAN gerade hinein und füllt das Pflanzloch mit dem Kompostgemisch auf. Durch leichtes Anstampfen wird das Wurzelwerk mit der lockeren Erde gut verbunden.

[d] MIT EINER GROSSZÜGIGEN WASSERGABE wird ein schnelles Anwachsen unterstützt.

[d]

BÄUME UND STRÄUCHER

Jetzt ist Pflanzzeit!

Der Herbst ist die beste Zeit, um Bäume und Sträucher im Garten zu pflanzen. Die Gehölze können dann über Winter ihr feines Wurzelwerk bilden und im Frühjahr kräftiger austreiben.

Wer zeitig in die neue Gartensaison startet, kann die Pflanzung von wurzelnackten Gehölzen (ohne Wurzelballen) auch im Frühjahr an frostfreien Tagen noch problemlos durchführen. Ballen- oder Containerware kann in der Regel ganzjährig bei frostfreiem Wetter gepflanzt werden.

PFLANZLOCH GRABEN UND PRÄPARIEREN

Um einen jungen Baum von ca. 80 bis 100 cm Höhe oder Beerensträucher zu pflanzen (außer Heidel- und Gojibeeren, dies erfordert die Anlage eines besonderen Moorbeetes), muss man zunächst ein Pflanzloch ausheben. Das Pflanzloch sollte mindestens eineinhalb Spaten tief und etwa 40 bis 50 cm breit sein.

Zuerst werden die Rasensoden bis zu einer Tiefe von 5 bis 7 cm entfernt [→a]. Diese werden später klein gehackt in den Kompost gegeben. Sammeln Sie die Erde aus dem gegrabenen Pflanzloch auf einer Schubkarre, sie wird zum Auffüllen später mit Kompost gemischt.

Das fertig ausgegrabene Pflanzloch wird nun am Boden etwa 10 cm tief gelockert, damit die Wurzeln darin gut weiterwachsen können. In das Pflanzloch wird zusätzlich nicht ganz verrotteter Kompost im Verhältnis 1 : 1 gefüllt und unter die gelockerte Erde gemischt [→b]. Auf den so vorbereiteten Pflanzboden wird nun der Baum bzw. Strauch gestellt [→c]. Die in der Schubkarre gesammelte Erde wird ebenfalls mit nicht ganz verrottetem Kompost gemischt (Verhältnis 1 : 1) und das Pflanzloch damit aufgefüllt. Achten Sie darauf, dass die Pflanze beim Auffüllen gerade steht. Die Erde, die in das Pflanzloch kommt, sollte möglichst locker sein, damit die Pflanze gut wachsen kann. Füllen Sie das Pflanzloch nicht komplett auf, sondern lassen Sie eine Vertiefung von ca. 5 cm, damit beim anschließenden Wässern, dem sogenannten „Einschlämmen", das Wasser gut in die Erde des Pflanzlochs eindringen kann. Wässern Sie ausgiebig mit etwa 40 l Wasser [→d]. Nach dem Wässern sollte das Pflanzloch wieder bis auf das umgebende Bodenniveau aufgefüllt werden.

MULCHSCHICHT ALS SCHUTZ

Ob man der Pflanze eine sogenannte Scheibe gibt, d. h. das Pflanzloch nicht wieder mit Rasen bepflanzt, oder ob man das Gras bis zum Stamm wachsen lässt, wird sinnvollerweise erst zu einem späteren Zeitpunkt entschieden, wenn die Pflanze sichtbar den neuen Standort angenommen hat. So lange wird die Oberfläche des Pflanzlochs als Wachstumsschutz mit Rasenschnitt bedeckt gehalten. Diese Mulchschicht erspart zudem häufiges Gießen. Achten Sie in dieser Zeit beim Rasenmähen darauf, dass Sie die Rinde nicht beschädigen.

EINE GUTE STÜTZE

Haben Sie einen Baum gepflanzt, braucht sein Stamm zusätzlich eine Stütze. Ein Pfahl unterstützt das Wachstum des jungen Baums, denn Winde können die noch jungen Wurzeln zu stark vibrieren lassen und ein gutes Anwachsen somit erschweren.

Wenn der Baum später Früchte trägt, müssen seine Äste entsprechend gestützt werden, damit sie nicht unter der Früchtelast zusammenbrechen. Das gilt insbesondere für Spalierbäume.

[a]

[c]

[b]

DAS IST *wirklich* WICHTIG

[a] GROBE TONSCHERBEN oder Kieselsteine dienen als Drainage und bedecken das Loch im Gefäßboden, damit das Gießwasser kontrolliert ablaufen kann.

[b] DAS PFLANZGEFÄSS wird mit einer Erdmischung entsprechend der Pflanzenbedürfnisse aufgefüllt. Für höher werdende oder rankende Pflanzen kann die Rankhilfe gleich mit im Topf verankert werden.

[c] JE NACH PFLANZENART werden ein bis drei Jungpflanzen in den Kübel gesetzt.

[d] DER GIESSRAND von 2 bis 3 cm ist wichtig, damit ausreichende Wassergaben langsam einziehen können.

[d]

TÖPFE UND KÜBEL

Vorbereiten und bepflanzen

Wer nur ein kleines Gartenbeet oder keine eigene „Scholle" zur Verfügung hat, kann in Gefäßen gärtnern. Damit auch dies zur Freude wird, sollten einige Regeln beachtet werden.

Wählen Sie ein Gefäß, das zu Ihren gewünschten Pflanzen passt. Einzelne Tomatenpflanzen fühlen sich beispielsweise in Gefäßen von 10 l und mehr Inhalt am wohlsten. Petersilie, Basilikum, Schnittlauch sowie weitere einjährige Küchenkräuter benötigen mindestens eine Topfgröße von 1 l pro Pflanze. Bedenken Sie diese Faustregel auch bei gemischt bepflanzten Gefäßen, Ihre Pflanzen werden es Ihnen danken.

STAUNÄSSE VERMEIDEN

In der Regel haben vorgefertigte Pflanzgefäße Löcher im Boden. Möchten Sie selbst ein Pflanzgefäß herstellen, z. B. aus einem Betonkübel oder einer -wanne, müssen Sie nachträglich Löcher in den Gefäßboden bohren. Die Löcher sorgen dafür, dass zu viel verabreichtes Gießwasser oder Regenwasser abfließen kann. Bei Trögen aus Stein gelten die gleichen Empfehlungen.
Um Staunässe zu vermeiden, benötigt man in größeren Gefäßen zuerst eine sogenannte Drainageschicht. Dazu wird eine Kiesschicht von ca. 10 bis 15 cm Höhe eingefüllt. Die Kiesschicht bringt durch ihr Gewicht zusätzliche Standfestigkeit. Die Kiesschicht kann auch aus Tonscherben von alten Blumentöpfen bestehen [→a].

NÄHRSTOFFREICHE TOPFERDE

Als Nächstes wird die Pflanzerde eingefüllt. Dazu können Mischungen aus eigenem Kompost und Gartenerde im Verhältnis 1 : 1 vermengt werden. Wer fertige Mischungen kauft, sollte auf tonhaltige Mischungen achten, da diese das Wasser besser halten. Eine reine Füllung mit Kompost ist nicht ratsam, denn das Wasserhaltevermögen ist zu gering.
Das Gefäß wird bis ca. 5 cm unter dem Rand mit der Erde gefüllt [→b] und diese gut angedrückt. Das restliche Volumen dient als sogenannter Gießrand, damit das Wasser langsam einziehen kann.

EFFEKTIVE WASSERGABEN

Nach dem Einpflanzen muss gründlich angegossen werden [→d]. Das Gefäß sollte anschließend auf einen Untersetzer gestellt werden. Er fängt später beim regelmäßigen Gießen überschüssiges Wasser auf und bewahrt den Balkon vor Huminflecken. Verabreichen Sie jedoch immer nur so viel Wasser, dass kaum etwas davon in den Untersetzer fließt. Denn bedenken Sie: Bei jedem großzügigen Gießen, das den Untersetzer zu voll werden lässt, werden Nährstoffe ausgeschwemmt, die in der Topfkultur schwieriger auszugleichen sind als im Gartenboden.

TOPFGÄRTNERN *auf kleinem Raum*

Gemüse, Obst und Kräuter wachsen auf kleinstem Raum. In Töpfen und Kübeln gedeiht leckere und gesunde Nahrung auch auf dem Balkon, auf der Terrasse und auf dem Fensterbrett.

PLATZ ZUM WACHSEN

Der beste Standplatz ist ein möglichst sonniger Platz – bei Obst und Gemüsen können dann die Früchte gut ausreifen und Kräuter bilden das volle Aroma aus. Berücksichtigen Sie bei der Standortwahl Ihrer Topfkultur immer die endgültige Wuchsgröße Ihrer Pflanzen und wählen Sie ausreichend große Töpfe, sodass die Pflanzen genug Platz zum Wachsen haben. Nehmen Sie lieber einen etwas zu großen Topf als einen zu kleinen. Topfen Sie gegebenenfalls um, wenn der Topf im Laufe der Zeit doch noch zu klein wird.

Winterschutz

Wenn Ihre Topfpflanzen auch im Winter im Freien stehen sollen, benötigen Sie frostharte Gefäße. Diese müssen größer als nicht frostharte Töpfe sein, damit der Wurzelbereich der Pflanzen im Winter nicht vollständig durchfrieren kann. Können Sie Ihre Kübelpflanzen in ein frostfreies, helles Winterquartier stellen, benötigen Sie keine frostfesten Gefäße. Die nicht frostharten Gefäße sind vom Gewicht her wesentlich leichter als die frostbeständigen. Überwintern frostfeste Pflanzen (u. a. Stauden, Gehölze) im Freien an einer geschützten Hauswand, müssen die Töpfe zusätzlich mit einer Noppenfolie geschützt und die Pflanzen mit Reisig oder Jute abgedeckt werden.

PFLANZERDEN FÜR TOPFGÄRTNER

Für Topfgärtner bietet der Handel eine große Vielfalt an Substraten. Achten Sie darauf, torffreie oder torfarme Erden zu verwenden, die zudem mineralische Bestandteile haben. Verwenden Sie keine reine Komposterde!
Sie können Ihren Pflanzen etwas Gutes tun und die gekaufte Erde mit ein wenig Lehm oder Ton verdünnen, insbesondere bei eher torfhaltigen Substraten. Mischen Sie die Erde mit Tonmehl (Verhältnis 10 : 1), das ebenfalls im Handel erhältlich ist. Für Pflanzen mit starkem Nährstoffbedarf, wie Auberginen, Paprika und Tomaten, ist es hilfreich, nährstoffreiche Hornspäne in unterschiedlicher Größe in die Pflanzerde einzumischen.
Sie können Erdzuschlagstoffe auch ganz einfach erhalten, indem Sie bei einem Spaziergang frische Maulwurfserde auf einer Wiese mitnehmen. Dies ist eine wunderbar lockere, nährstoffreiche Erde, die sich gut zum Herstellen von Erdmischungen eignet. Der hohe Anteil an Nährstoffen im Substrat ist wichtig, um den Topfpflanzen eine gute Nahrungsversorgung über einen längeren Zeitraum zu ermöglichen.
Wer seine eigenen Obst-, Gemühereste usw. aus dem Haushalt gerne selbst recycelt, kann aber sogar auf Balkon und Terrasse eigene Topferde herstellen. Die Balkonkompostierung ist einfach und unkompliziert und kann selbst auf kleinstem Raum angewandt werden (siehe S. 77).

DÜNGER FÜR TOPFPFLANZEN

Zeigen die Topfpflanzen Anzeichen von „Hunger", sollte umgehend gedüngt werden, z. B. mit Brennnessel-Jauche oder einem käuflichen organischen Flüssigdünger.
Mit einer selbst zubereiteten Jauche aus Brennnessel- und Beinwellblättern (siehe S. 113) können Sie Ihre Topfkulturen während der gesamten Wachstumsperiode regelmäßig düngen, bei Bedarf alle 14 Tage.

PFLEGE IM KASTEN

Die anschließende Kulturpflege der Pflanzen, wie beispielsweise das Ausgeizen der Tomaten, das Aufbinden hoch wachsender Pflanzen, das regelmäßige Ausputzen verblühter Blüten bei Zierpflanzen oder Ähnliches, entspricht den allgemeinen gärtnerischen Pflegemaßnahmen. Die volle Wirksamkeit der kosmischen Kräfte kann bei Kübel- und Topfpflanzen nicht in dem Maße erreicht werden, wie dies bei Pflanzen der Fall ist, die unmittelbar in der Erde wurzeln. Eine gewisse Wirksamkeit jedoch ist durchaus vorhanden.

[1.]

[2.]

[3.]

GEMÜSE
für Balkongärtner

Auf diesen Seiten haben wir Ihnen eine Auswahl von Gemüsen zusammengestellt, die sich hervorragend in Töpfen und Kübeln pflegen lassen. Sie sind eine Bereicherung für jeden Balkon.

TOMATE [1.]
Lycopersicon esculentum
Pflanzenfamilie: Nachtschattengewächse
Gruppenzugehörigkeit: Fruchtpflanze
Aussehen: Tomaten sind buschige Pflanzen. Es gibt außerordentlich viele Sorten zu kaufen: runde Tomaten, Fleisch-, Eier-, Cocktail- und Balkontomaten. Die Farbpalette reicht von Hellgelb bis Dunkelrot und Violett. Die Pflanzen werden etwa in Höhen von 30 bis 200 cm gepflegt.
Pflege: Tomaten lieben durchlässige, humos-sandige, nährstoffreiche Erde und brauchen einen sonnigen Standort. Sie dürfen nie trocken stehen. Staunässe muss man aber vermeiden. Die Pflanzen brauchen einen Stützstab, an dem sie hochgebunden werden. Die Seitentriebe in den Blattachseln muss man regelmäßig entfernen. Im August werden die Pflanzen geköpft. Im Herbst kann man die letzten Früchte im Haus nachreifen lassen.
Probleme: Weiße Fliege, Blattläuse, Kraut- und Braunfäule
Vermehrung: Voranzucht im Haus im März/April.
Erntezeit: Juli bis Oktober

ZUCCHINI [2.]
Cucurbita pepo
Pflanzenfamilie: Kürbisgewächse
Gruppenzugehörigkeit: Fruchtpflanze
Aussehen: Zucchini sind eindrucksvolle Pflanzen mit dekorativen, großen Blättern. Sie können zwischen Sorten mit grüner, schwarzgrüner und gelber Fruchtfarbe wählen. Zudem gibt es buschartige Formen und hängende, die man am Rankgerüst nach oben ziehen kann. Die Pflanzen werden etwa 30 bis 70 cm hoch.
Pflege: Gießen und düngen sind für ein gutes Gedeihen entscheidend. Das Erdsubstrat sollte durchlässig, nährstoffreich und humos sein. Lassen Sie die Früchte nicht zu groß werden. Sie schmecken dann weniger aromatisch. Am besten ist eine Erntelänge von etwa 15 bis 20 cm. Die Pflanzen brauchen einen sonnigen Standort.
Probleme: Schnecken, Echter Mehltau
Vermehrung: Zucchini werden ab März auf der Fensterbank vorgezogen und kommen Mitte Mai nach draußen. Jede Pflanze braucht einen großen Topf oder Kübel (mindestens 45 cm Durchmesser).
Erntezeit: Juni bis Oktober

AUBERGINE [3].
Solanum melongena
Pflanzenfamilie: Nachtschattengewächse
Gruppenzugehörigkeit: Fruchtpflanze
Aussehen: Aufrechte Pflanze mit eierförmigen Früchten (wird daher oft auch Eierfrucht genannt) und hübschen lilafarbenen Blüten.

Pflege: Sehr wärmebedürftiges Gemüse, das einen sonnigen und geschützten Standort im Freien braucht. Im Sommer hohe Pflanzen stützen. Nebentriebe ausgeizen, Haupttriebe einkürzen. Gute Wasserversorgung bieten.
Probleme: Spinnmilbe, Weiße Fliege, Blütenendfäule
Vermehrung: Voranzucht im Haus ab März bis April. Nach zwei bis drei Wochen pikieren und einige Tage vor dem Umpflanzen im Kübel abhärten. Ab Mitte Mai können die Pflanzen im Freien stehen. Sie benötigen einen mindestens 10 l großen Topf. Nur etwa drei Früchte pro Pflanze wachsen lassen.
Erntezeit: Ab August

ARTISCHOCKE [4.]

Cynara cardunculus Scolymus-Gruppe
Pflanzenfamilie: Korbblütler
Gruppenzugehörigkeit: Blütenpflanze
Aussehen: Distelartige Pflanze, die bis zu 200 cm hoch werden kann. Bildet ab August hübsche lilafarbene Blüten aus mit fleischigem Blütenboden. Dieser ist essbar, ebenso die Schuppenblätter im unteren Teil der Blüte.
Pflege: Artischocken sind sehr wärmebedürftig, geben Sie ihnen daher einen sonnigen, geschützten Standort auf Balkon oder Terrasse. Außerdem haben sie einen hohen Wasserbedarf.
Probleme: Schwarze Bohnenblattlaus
Vermehrung: Vorkultur im Haus ab März. Ab Mitte Mai können die Jungpflanzen in große, tiefe Kübel umgepflanzt werden mit mindestens 20 l Volumen. Sie benötigen sandig-humoses Substrat.
Erntezeit: Juli bis September. Die Blütenknospe sollte noch geschlossen sein.

MANGOLD [5.]

Beta vulgaris ssp. *cicla*
Pflanzenfamilie: Gänsefußgewächse
Gruppenzugehörigkeit: Fruchtpflanze
Aussehen: Man unterscheidet den spinatähnlichen Blatt-Mangold und den Stiel-Mangold. Er wird bis zu 40 cm hoch.
Pflege: Wählen Sie durchlässige, humose Erdsubstrate mit mittlerem Nährstoffgehalt an einem sonnigen Standort.
Probleme: Schnecken, Blattläuse, Falscher Mehltau
Vermehrung: Ab März / April bis Juni wird im Abstand von ca. 25 cm gesät (nach allen Richtungen). Stiel-Mangold besser etwas mehr. Nach etwa acht Wochen kann Blatt-Mangold, nach 12 Wochen Stiel-Mangold geerntet werden.
Erntezeit: Juli bis Oktober / November

PAPRIKA [6.]

Capsicum annuum
Pflanzenfamilie: Nachtschattengewächse
Gruppenzugehörigkeit: Fruchtpflanze
Aussehen: Paprika bildet kleine Büsche mit Früchten in Grün, Gelb, Orange, Rot und Rotviolett. Das Gemüse wird ca. 40 bis 100 cm hoch.
Pflege: Dieses anspruchsvolle Gemüse braucht einen sonnigen Standort mit durchlässiger, sandig-humoser Erde und regelmäßige Wassergaben.
Vermehrung: Voranzucht im Haus (März / April). Nach den Eisheiligen bis Anfang Juni setzt man die Pflanzen in Einzeltöpfe. Geben Sie ihnen einen warmen Platz. Grüne Früchte können früher geerntet werden. Die anderen lässt man voll ausreifen.
Probleme: Weiße Fliege, Blattläuse, Spinnmilben, Grauschimmel
Erntezeit: Juli bis Oktober

WEITERE GEMÜSE FÜR TOPF UND KÜBEL: **Kartoffel (Erntezeit August bis Oktober), Salate (Erntezeit Mai bis September), Radieschen (Erntezeit April bis Oktober), Brokkoli (Erntezeit Juli bis Oktober), Blumenkohl (Erntezeit Juni bis November), Bohnen (Erntezeit Juli bis Oktober), Kohlrabi (Erntezeit Juli bis Oktober), Gurke (Erntezeit Juli bis September).**

[4.]

[5.]

[6.]

[1.]

[2.]

[3.]

KRÄUTER

Aromen aus Topf und Kübel

Die Auswahl an Kräutern ist riesig. Viele lassen sich einfach und unkompliziert in Gefäßen kultivieren. Hier haben wir Ihnen unsere Favoriten für Topf und Kübel zusammengestellt.

PETERSILIE [1.]

Petroselinum crispum
Pflanzenfamilie: Doldenblütler
Gruppenzugehörigkeit: Blattpflanze
Aussehen: Das zweijährige Küchenkraut wird 15 bis 25 cm hoch.
Blüte: Unscheinbar gelblich grün von Juli bis August
Pflege: Die Pflanze braucht einen sonnigen bis halbschattigen Standort. Wählen Sie fruchtbare, durchlässige Substrate mit mittlerem bis hohem Nährstoffgehalt. Wechseln Sie jährlich den Platz oder den Topf, um Nährstoffarmut zu vermeiden. Achten Sie auf genügend Wasser. Trockenheit wird nicht gut vertragen.
Vermehrung: Aussaat im März oder Juni. Es dauert recht lange, bis die Samen aufgehen!

SCHNITTLAUCH [2.]

Allium schoenoprasum
Pflanzenfamilie: Zwiebelgewächse
Gruppenzugehörigkeit: Blattpflanze
Aussehen: Das mehrjährige Küchenkraut wächst aufrecht mit vielen dicht stehenden Halmen und bildet Horste. Es wird 20 bis 30 cm hoch.
Blüte: Violett von Juni bis August
Pflege: Die Pflanze braucht einen sonnigen Standort und liebt durchlässige, sandiglehmige Erden mit mittlerem bis hohem Nährstoffgehalt. Schnittlauch eignet sich für alle Arten von Gefäßen und sorgt rund ums Jahr für frische Würze in der Küche. Im Winter können Sie das beliebte Küchenkraut auf der Fensterbank im Topf ziehen.
Ernte: Frische Stängel, essbare Blüten für Salate
Probleme: Mehltau
Vermehrung: Aussaat, Teilung der ganzen Pflanze

GARTEN-SALBEI [3.]

Salvia officinalis
Pflanzenfamilie: Lippenblütler
Gruppenzugehörigkeit: Blattpflanze
Aussehen: Der mehrjährige Salbei wächst aufrecht buschig und wird 50 bis 70 cm hoch. Es gibt viele Sorten in verschiedenen Grün- und Rottönen sowie schönen weißgrünen oder silbrigen Farben.
Blüte: Blau-violett von Juni bis August
Pflege: Die Pflanze benötigt einen sonnigen Standort und bevorzugt durchlässige, kalkhaltige, sandig-lehmige Erden mit mittlerem Nährstoffgehalt. Staunässe wird nicht vertragen. Im Herbst oder Frühjahr wird der Salbei bis zum alten Holz zurückgeschnitten. In rauen Lagen ist ein Winterschutz empfehlenswert.
Vermehrung: Aussaat ab März direkt ins Freiland. Stecklinge im Frühsommer.

Arten: Ananas-Salbei *(S. elegans)* besitzt ein intensives Ananasaroma, ist allerdings frostempfindlich. Der Pfirsich-Salbei *(S. × jamensis)* mit pfirsichähnlichem Aroma ist ebenfalls frostempfindlich. Der Gelbgrüne Salbei *(S. officinalis* 'Icterina') hat auffallende gelbgrüne Blätter. Der Purpur-Salbei *(S. officinalis* 'Purpurescens') entwickelt intensiv purpurgrüne Blätter.

PFEFFERMINZE [4.]

Mentha × piperita

Pflanzenfamilie: Lippenblütler
Gruppenzugehörigkeit: Blattpflanze
Blüte: Weiß, rosa, violett von Juli bis September
Aussehen: Das mehrjährige Tee- und Küchenkraut wächst aufrecht und üppig und wird 30 bis 60 cm hoch.
Pflege: Die Pfefferminze braucht einen sonnigen Standort und liebt nährstoffreiche, sandig-humose Erden. Staunässe und Ballentrockenheit sollten vermieden werden. Dieses alte Heil- und Teekraut neigt zum Wuchern, daher sollte es in Beeten in eingesenkte Töpfe gepflanzt werden. Im Topf und Kasten passt zu es sowohl zu reinen Kräuter- als auch zu Mischpflanzungen.
Vermehrung: Stecklinge, Ausläufer, Teilung
Hinweis: Minze gibt es in unzähligen Sorten. Von Apfel-Minze bis Ananas-Minze, Krause Minze, Marokkanische Minze, Türkische Minze etc. Für jeden Geschmack ist etwas dabei.

KAPUZINERKRESSE [5.]

Tropaeolum majus

Pflanzenfamilie: Kapuzinerkressengewächse
Gruppenzugehörigkeit: Blattpflanze. Stehen die Blüten zum Verzehr im Interesse der Nutzung, kann sie auch als Blütenpflanze gepflegt werden.
Aussehen: Die einjährige Pflanze wird als Kletterpflanze am Spalier gezogen oder kriechend als Bodendecker. Ihre Ranken können 1,5 bis 3 m lang werden.
Blüte: Gelb, orange oder rot, auch mehrfarbig von Juni bis Oktober
Pflege: Die Kapuzinerkresse braucht einen sonnigen bis halbschattigen Standort. Sie bevorzugt fruchtbare, durchlässige Erden mit hohem Nährstoffgehalt. Trotzdem sollten Sie wegen der bestehenden Wuchsfreudigkeit starke Düngungen vermeiden. Ballentrockenheit wird nicht vertragen. Die Pflanze ist außerdem frostempfindlich, sie darf daher erst nach den Eisheiligen ins Freie.
Probleme: Anfällig für Blattläuse
Vermehrung: Jährlich neu durch Aussaat
Sorten und Arten: Es gibt Sorten mit panaschierten Blättern. Die Rankende Kapuzinerkresse *(T. peregrinum)* besitzt stark gefranste und ungewöhnliche Blüten von Juni bis Oktober. Samenansätze bitte regelmäßig entfernen, um die Blühfreudigkeit zu erhalten.

ZITRONENMELISSE [6.]

Melissa officinalis

Pflanzenfamilie: Lippenblütler
Gruppenzugehörigkeit: Blattpflanze
Aussehen: Dieses mehrjährige Tee- und Küchenkraut wächst aufrecht buschig. Es kann 50 bis 80 cm hoch werden.
Blüte: Unscheinbar weiß von Juni bis August
Pflege: Die Pflanze ist anpassungsfähig, bevorzugt aber einen sonnigen Standort mit durchlässiger Erde mit mittlerem Nährstoffgehalt. Geben Sie ihr einen warmen, geschützten Platz. In rauen Lagen ist Winterschutz empfehlenswert. Der oberirdische Teil kann im späten Herbst zurückgeschnitten werden. Die Pflanze neigt (nur an zusagenden Plätzen) zum Wuchern und breitet sich so überall im Garten aus.
Vermehrung: Stecklinge, Teilung

WEITERE KRÄUTER FÜR TOPF UND KÜBEL: **Basilikum, Lavendel, Thymian, Oregano, Majoran.**

[4.]

[5.]

[6.]

[1.]

[2.]

[3.]

NASCHOBST *für wenig Platz*

Selbst auf Balkon und Terrasse müssen wir nicht auf Früchte verzichten. Mittlerweile gibt es von fast allen Obstarten Mini-Sorten zu erwerben, die sich auf Balkon und Terrasse anbauen lassen.

KIRSCHEN [1.]

Prunus

Gruppenzugehörigkeit: Fruchtpflanze
Aussehen: Sauer-Kirschen sind schnell wachsende, baumartige Sträucher oder kleine Bäume. Daher sind sie auch für die Topfanzucht gut geeignet. Die Fruchtfarben und -formen variieren je nach Sorte von Hellrot bis Dunkelbraunrot und von flach rund bis länglich. Es gibt stark saure, mild saure und süßsäuerlich schmeckende Formen. Zudem gibt es für Balkon und Terrasse mittlerweile auch kompakt und schnell wachsende Säulen-Süß-Kirschen mit gutem Geschmack und platzfesten Früchten.
Pflege: Sauer-Kirschen gehören zu den anspruchslosesten Obstgehölzen überhaupt. Durchlässiges Erdreich wird gewünscht. Staunässe sollte vermieden werden. Es gibt selbstfruchtbare und selbstunfruchtbare Sorten. Letztere sind selten, brauchen aber unbedingt eine zweite Bestäubersorte. Da Sauer-Kirschen am einjährigen Trieb fruchten, muss einer Verkahlung vorgebeugt werden. Man schneidet daher das Fruchtholz im August auf zwei bis drei Knospen zurück. Die auf der Astoberseite steil nach oben stehenden Triebe („Wasserschosse") werden ebenfalls entfernt.
Probleme: Monilia
Erntezeit: Juni bis Juli

FEIGE [2.]

Ficus carica

Gruppenzugehörigkeit: Fruchtpflanze
Aussehen: Ein mittelstark wachsendes Blattschmuckgehölz, das sich im Laufe der Jahre zu einem breit strauchförmigen bis ausladenden Baum entwickelt und 2 bis 3 m hoch wird.
Pflege: Das Obstgehölz braucht einen sonnigen Standort. Der Nährstoffbedarf ist bis August mittelhoch, der Wasserbedarf hoch. Nicht austrocknen lassen. Junge Pflanzen für einen schönen, verzweigten Aufbau mehrfach stutzen.
Probleme: Spinnmilben
Überwinterung: Nach dem Laubabwurf wird ein dunkler Platz bei 0 bis 10 °C benötigt. In milden Regionen können die Pflanzen an einem geschützten Platz mit Winterschutz im Freien gehalten werden.
Erntezeit: August bis September

BIRNE [3.]

Pyrus communis

Gruppenzugehörigkeit: Fruchtpflanze
Aussehen: Birnen in Töpfen werden als Halbstamm, Zwergstamm, Fächer oder Cordon gezogen.
Pflege: Sonnig geschützter Platz mit humusreichem Substrat. Regelmäßiger Erziehungsschnitt, abhängig von der Art der Kultur. Düngergabe bei Fruchtbildung.

Probleme: Schorf, Birnengitterrost, Fruchtfäule, Blattläuse
Überwinterung: Töpfe sollten durch Frostschutzvliese oder Reisig geschützt werden. Das Erdreich darf nicht völlig austrocknen, daher kann auch an frostfreien Tagen gegossen werden.
Erntezeit: August bis Oktober

APFEL [4.]

Malus in Sorten
Gruppenzugehörigkeit: Fruchtpflanze
Aussehen: Es gibt einige gut geeignete Formen für Balkon und Terrasse, die als Mini-Apfelbäume, Ballerina-, Zwerg- oder Säulen-Äpfel angeboten werden. Sie werden etwa 2 bis 3 m hoch und können gut im Topf gezogen werden. Die Fruchtfarbe und das Aroma sind von der Sorte abhängig. Achten Sie bei der Sortenwahl auf krankheitsresistente Formen.
Pflege: Wählen Sie durchlässiges, humoses Erdreich. Das Obstgehölz braucht einen sonnigen Standort. Staunässe und Ballentrockenheit müssen vermieden werden. Schnittmaßnahmen führt man im späten Herbst oder zeitigen Frühjahr – bei frostfreiem Wetter – durch. Bitte beachten Sie, dass immer zwei verschiedene Sorten gepflanzt werden müssen, um einen guten Fruchtansatz zu erreichen. Beide Sorten müssen zur gleichen Zeit blühen. Oft werden daher Duos angeboten. Oder sprechen Sie mit Ihren Nachbarn. Wenn dort ein Apfelbaum steht, brauchen Sie keinen zweiten.
Probleme: Mehltau, Schorf, Apfelwickler, Spinnmilben, Blattläuse, Frostspanner und Apfelblütenstecher
Überwinterung: Töpfe sollten durch Frostschutzvliese oder Reisig geschützt werden. Das Erdreich darf nicht völlig austrocknen, daher kann auch an frostfreien Tagen gegossen werden.
Erntezeit: August bis Oktober

ANDENBEERE [5.]

Physalis peruviana
Gruppenzugehörigkeit: Fruchtpflanze
Aussehen: Andenbeeren sind raschwüchsige, aufrecht buschig wachsende Pflanzen mit großen Blättern und dekorativen Früchten. Sie sitzen in kleinen, grünen „Lampions". Die Pflanzen werden etwa 50 bis 150 cm hoch.
Pflege: Durchlässige, humos-lehmige Erdsubstrate sind für die Kultur dieser interessanten Pflanze nötig. Suchen Sie unbedingt einen warmen, sonnigen und geschützten Platz. Die Pflanze ist bei uns nicht winterhart. In Gegenden mit frühen Frösten reifen die Früchte daher oft nicht wie gewünscht aus. Ganzjährig mildes Weinbauklima eignet sich am besten für die Pflege der Andenbeeren.
Überwinterung: Im Haus bei 5 bis 10 °C, wegen Lichtmangel und der fehlenden Luftzirkulation allerdings nicht empfehlenswert. Säen Sie lieber jedes Jahr neu aus.
Vermehrung: Aussaat
Erntezeit: September bis Oktober

WEINTRAUBE [6.]

Vitis vinifera
Gruppenzugehörigkeit: Fruchtpflanze
Aussehen: Erziehung als Spalier an der Wand oder an einem stabilen Rankgerüst.
Pflege: Für die Topfkultur braucht man ausreichend große Gefäße von ca. 30 l Volumen. Im Gefäß für eine gute Drainage sorgen und Blumenerde mit ausreichend Blähton für gute Bodendurchlüftung bieten. Regelmäßige Düngergaben von der Blüte bis August sowie gute Wasserversorgung. Ausreichender Rückschnitt auf zwei Triebe, regelmäßiges Ausbrechen der Geiztriebe.
Überwinterung: Im Herbst den Kübel vor Frost schützen, im Winter Austrocknung durch Gießen vermeiden.
Erntezeit: September bis Oktober

WEITERES OBST FÜR DEN NASCHBALKON: **Pepino (Erntezeit Juni bis Oktober), Erdbeere (Erntezeit Juni bis Oktober), Himbeere (Erntezeit Juni bis Oktober), Stachelbeere (Erntezeit Juli bis August), Johannisbeere (Erntezeit Juni bis August), Preiselbeere (Erntezeit August bis Oktober).**

[4.]

[5.]

[6.]

KOMPOST

Nahrung für den Boden

QUALITATIV HOCHWERTIGER KOMPOST FÖRDERT DIE GESUNDHEIT UND FRUCHTBARKEIT DER PFLANZEN IM BIOGARTEN ENTSCHEIDEND. MACHEN SIE IHREN PFLANZEN EINE FREUDE UND BEREITEN SIE IHR GARTENGOLD SELBST ZU. AUF DEN FOLGENDEN SEITEN ERFAHREN SIE, WIE DIES SOGAR AUF IHREM BALKON MÖGLICH IST.

[a]

[b]

[c]

DAS IST *wirklich* WICHTIG

[a] WELCHES GEFÄSS zur Anwendung kommt ist nebensächlich. Wir verwenden ein Drahtgitter, das mit einer gelochten, schwarzen Folie am Rand ausgekleidet wird.

[b] ZU BEGINN kommt das „Knüppelbett“ aus gröberen Ästen und Zweigen in das Kompostgefäß. Alle Materialien werden möglichst fein zerkleinert.

[c] AUF DIE ZERKLEINERUNG kommt es an, dann dürfen auch Bananenschalen & Co. auf den Kompost.

[d] GUT ANFEUCHTEN, damit alle Pflanzenreste mit einem eigenen Wasserfilm umhüllt werden. Aber nicht triefend nass!

[d]

KOMPOST ZUBEREITEN

Die vier goldenen Regeln

Beachten Sie bei der Kompostierung die vier Schritte der Zauberformel für besten Kompost: Zerkleinern, mischen, feucht halten und bedecken! Dann steht dem guten Gelingen fast nichts mehr im Wege.

Je sorgfältiger Sie den Kompost bereiten, desto qualitativ hochwertiger wird er. Die Art des Kompostbehälters ist für das Gelingen weniger entscheidend. Er muss nach unten hin offen sein (außer beim Balkonkompost), damit Bodenorganismen einwandern können.
Meiden Sie für Ihren Kompostplatz direktes Sonnenlicht, und wählen Sie einen eher schattigen Ort. So kann der Kompost nicht zu stark austrocknen. Vor dem Kompostplatz sollte eine ebene und befestigte Fläche von etwa 1 qm sein. Dort können Sie später Ihre organischen Reste mit dem Häckselgut mischen. Nehmen Sie den Kompost am besten täglich in Augenschein, damit Sie seine Umwandlung zu bestem Humus begleiten können.

1. SCHRITT: ZERKLEINERN

Die Mikroorganismen brauchen klein geschnittenes Material, am besten in einer Größe von 4 mm × 4 mm Breite, damit der Stoffabbau und -umbau sowie der Humusaufbau optimal verlaufen können. Ist das Material größer, dauert die Umwandlung länger und es entstehen eventuell unerwünschte Begleitprozesse. Zerkleinern Sie Ihre Küchenreste am besten bereits in der Küche.

2. SCHRITT: BEFÜLLEN UND MISCHEN

Bereiten Sie Ihren Kompostbehälter oder Ihren Komposthaufen zu Beginn der Kompostierung folgendermaßen vor:

- Legen Sie gröbere Zweige als unterste Schicht etwa 20 cm hoch. So entsteht eine Drainageschicht zum Untergrund und Feuchtigkeit kann gegebenenfalls nach unten entweichen.
- Geben Sie später immer, wenn Sie organische Reste in den Kompost einmischen wollen, zuvor anteilig ein Drittel geschreddertes Häckselgut hinzu (je nach Feuchtigkeitsgrad des Materials auch bis zur Hälfte der Menge). Häckselgut sollten Sie stets in ausreichender Menge vorrätig haben. Soll Rasenschnitt kompostiert werden, muss dieser ebenfalls zuvor mit Häckselgut durchsetzt und durchgemischt werden, da er sonst zusammenklebt und so Fäulnisprozesse entstehen.
  Mischen Sie das Material mit dem Häckselgut am besten auf der befestigten Fläche vor dem Kompostplatz, bevor Sie das Mischgut in den Kompost geben. Mit einer fünfzinkigen Mistgabel gelingt das Befüllen und das spätere Mischen am besten.

BEI DER KOMPOSTIERUNG bereiten wir lebenswichtige Nahrung für die Bodenorganismen vor. Deshalb sollten wir auch nicht von „Abfall“, sondern von organischen Wertstoffen sprechen, denn aus Abfall entsteht nur „Abfälliges“.

DAS IST *wirklich* WICHTIG

[a] DAS HÄCKSELMATERIAL wird zuerst ausgebreitet.

[b] DIE ORGANISCHEN RESTE aus Garten und Haushalt werden darübergelegt und dann mit einem scharfen Kompostspaten zerkleinert.

[c] DAS GESTEINSMEHL bereichert die Mischung.

[d] MIT DER GABEL wird eine innige Mischung hergestellt und anschließend locker an die Miete angefügt. Regelmäßige Kontrollen, insbesondere des Feuchtigkeitsgrades, sind wichtig. Einmal pro Woche wird das frische Material mit der Gabel bewegt.

- Neu in den Kompost gegebenes Material wird stets gründlich mit der obersten (der letzten) Schicht des Komposts vermischt. (Bei einer Miete mischen Sie immer den ganzen Haufen und verlängern ihn). Die oberste Kompostschicht ist etwa eine fünfzinkige Mistgabel tief (ca. 30 cm). Achten Sie beim Durchmischen darauf, dass Sie das Material nicht nur umwenden, sondern gleichzeitig gut lockern, damit genügend Luft für den Umwandlungsprozess zur Verfügung steht. Mit dem Mischen vermeiden Sie zudem eine Schichtenbildung im Kompost. Nur durch das regelmäßige Mischen kann eine gute Rotte stattfinden und die Mikroorganismen können zügig genug arbeiten, damit keine Fäulnis entsteht und wertvolle Nährstoffe im Prozess verloren gehen.

3. SCHRITT: FEUCHT HALTEN

Der Kompost muss einen bestimmten Grad an Feuchtigkeit aufweisen, damit die vielfältigen Umwandlungsprozesse optimal stattfinden können. Am besten eignet sich zum Feuchthalten eine Gießkanne mit Brauseaufsatz oder ein Wasserschlauch mit Brauseaufsatz, da das Wasser feinst verteilt auf den Kompost gegeben werden muss. Prüfen Sie jedes Mal, wenn Sie neues Material entsprechend in den Kompost eingemischt haben, den aktuellen Feuchtigkeitsgehalt. Befeuchten Sie dazu das frisch eingefüllte Material. Nehmen Sie eine Handvoll von diesem neuen Material und machen Sie eine Faust. Es darf kein Wasser austreten, und beim späteren Öffnen der Hand sollte der Materialballen weiter zusammenkleben. Stoßen Sie nun den Ballen mit dem Finger an. Fällt dieser leicht auseinander, hat der Kompost die richtige Feuchtigkeit.
Tritt bei der Faustprobe Wasser aus, ist der Kompost zu feucht. Geben Sie zum Binden der Feuchtigkeit entsprechend weiteres Häckselgut hinzu.
Der Kompost ist zu trocken, wenn der Ballen beim Öffnen der Hand zerfällt. Gießen Sie feinst verteilt entsprechend etwas Wasser nach und mischen Sie alles wieder durch.
Das Einmischen von Häckselgut verhindert anaerobe (fäulnishaltige) Prozesse und fördert aerobe. Das Einmischen ist grundsätzlich für die Luftführung im Kompost wichtig. Deshalb sollten Sie Ihren Kompost stets das ganze Jahr hindurch mit frischem Material befüllen, auch im Winter. Nur so wird der Rotteverlauf des Komposts nicht unterbrochen.

4. SCHRITT: BEDECKEN

Damit der optimale Feuchtigkeitsgehalt im Inneren aufrechterhalten wird, muss der Kompost abgedeckt werden. Machen Sie immer den Deckel auf das Gefäß und bedecken Sie den Komposthaufen mit einem Vlies. Vermeiden Sie direkte Sonnenbestrahlung und achten Sie darauf, dass kein Regenwasser hineinlaufen kann. Mit einem Kompostthermometer können Sie die Wärme in Ihrem Kompost überprüfen. Die Temperatur sollte zwischen 45 und 65 °C betragen.

KOMPOST-PRÄPARATE **Wenden Sie die vier Schritte der Kompost-Zauberformel „Zerkleinern, mischen, feucht halten und bedecken" konsequent an. Die Bodenorganismen werden es Ihnen mit fruchtbarstem Boden danken. Verbessern Sie die Kompostqualität zusätzlich und fügen Sie etwa alle zwei Monate die biologisch-dynamischen Kompost-Präparate in der richtigen Reihenfolge in die aktive Rottezone ein (siehe S. 80 ff.).**

[a]

[b]

DAS IST *wirklich* WICHTIG

[c]

[d]

[a] IN DAS GEFÄSS werden Löcher gebohrt mit ca. 12 mm Durchmesser. Beginnend etwa 10 cm vom Boden.

[b] HÄCKSELGUT wird als unterste Schicht ca. 4 cm dick eingefüllt.

[c] DIE ORGANISCHEN RESTE können mit dem Wiegemesser klein geschnitten werden.

[d] DIE BESTANDTEILE werden innig vermischt und Gesteinsmehl darübergepudert. Wasser wird vorsichtig in ausreichender Menge schluckweise hinzugefügt.

[e] IMMER, WENN NEUES MATERIAL HINZUGEGEBEN WIRD, erfolgt eine erneute Vermischung des Kompostgutes.

[f] FÜR EINEN BALKONKOMPOST ist „in der kleinsten Hütte Platz"!

[e]

[f]

BALKONKOMPOST

bei Platzmangel

Haben Sie keinen eigenen Garten, kein Vorgärtchen oder nur wenig Küchenreststoffe, bietet sich die Kompostierung in einem kleineren Gefäß auf dem Balkon an. Dafür genügt schon ein einfacher Eimer, der ausreichend groß ist.

Die Zauberformel: Zerkleinern, mischen, feucht halten und bedecken, gilt hier ebenso wie für eine Kompostmiete oder ein großes Kompostgefäß.

ZUBEHÖR

Um Kompost auf dem Balkon zuzubereiten, brauchen Sie einen Plastikkübel oder -eimer von mindestens 35 l Volumen (mit Deckel) sowie einen Krail zum Mischen, kleine Äste, Laub oder unbedruckten Karton, trockenes Häckselgut, Urgesteinsmehl und einen Bohrer zum Anfertigen der Löcher.

EINRICHTEN DES KOMPOSTS

In die Seite des Kübels werden zunächst ca. 20 Löcher gebohrt **[→a]** (Durchmesser 12 bis 15 mm).
Das weitere Vorgehen erfolgt wie bei einem größeren Gefäß (vgl. Gittersilo S. 72):

- Zu Beginn wird eine Schicht Häckselgut auf dem Gefäßboden ausgelegt – wenn kein Häckselgut vorhanden ist, nimmt man Kartonschachteln, die in kleine Stücke zerrissen werden. Die Häckselschicht dient der Luftzirkulation **[→b]**.
- Das zerkleinerte Material aus der Küche und vom Balkon **[→c]** kann nun hinzugegeben und mit dem Krail gut durchmischt werden **[→d]**, es sollte wie „Birchermüsli" aussehen. Geben Sie später immer, wenn Sie organische Reste in den Kompost einmischen wollen, zuvor anteilig ein Drittel geschreddertes Häckselgut hinzu **[→e]**. Häckselgut sollte stets in ausreichender Menge vorrätig sein.
- Auch bei der Balkonkompostierung wird neu in den Kompost gegebenes Material immer gründlich mit der obersten (der letzten) Schicht des Komposts vermischt (Filterpapier zerreißen, Eierschalen zertrümmern ...). Achten Sie beim Durchmischen darauf, dass das Material gleichzeitig gut gelockert wird und sich keine Klumpen bilden, damit genügend Luft für den Umwandlungsprozess zur Verfügung steht.
- Nach Bedarf gibt man mit einer kleinen Spritzkanne (mit Brauseaufsatz) Wasser hinzu. Der Wasserbedarf hängt u. a. von der Feuchtigkeit der „Küchenware" ab, da beispielsweise Melonen und Tomaten selbst schon sehr wasserhaltig sind. Bedenken Sie, dass bei zu hoher Feuchtigkeit das Material fault und stinkt. Bei zu trockenem Material können wiederum keine Abbauprozesse stattfinden, da Mikroorganismen ohne Feuchtigkeit nicht in der Lage sind zu arbeiten.
- Um die Verdauungsprozesse der Bodenorganismen zu fördern und somit Fäulnisgerüche zu vermeiden, sollten dem Kompost wöchentlich 2 EL Gesteinsmehl zugefügt werden.

KOMPOST

Unverzichtbar im Garten

Qualitativ hochwertiger Kompost verwandelt innerhalb eines halben Jahres organisches Material in wertvollen Humus. Er verbessert unmittelbar den Gartenboden, seine Lebendigkeit und Fruchtbarkeit.

GUTE GRÜNDE FÜR KOMPOST

- Kompost ist aufgrund seines Nährstoffreichtums eine wichtige Düngergrundlage im Biogarten. Kunstdünger dagegen zehren langfristig den Boden aus.
- Schädliche Säuren werden gepuffert. Die Wasser haltende Kraft und Bindung der Nährstoffe werden gefördert.
- Kompost ist ein guter Torfersatz. Die Verwendung von Torf in Blumenerde ist einer der Gründe für den Rückgang dieses einzigartigen Lebensraumes.
- Beim Sammeln der organischen Wertstoffe halbiert sich der „Abfall" auf etwa 100 kg pro Person im Jahr.

SPEISERESTE: ALLES DARF GESAMMELT WERDEN!

- Kompostierbar sind alle Speisereste! Obst, Gemüse (auch gekocht), Brot, Käse, Spaghetti, Wurst, Zitrus- und Bananenschalen (der eigenen Gesundheit zuliebe möglichst in Bioqualität). Wichtig ist das vorherige Zerkleinern! Durch das Zerkleinern und das Mischen mit Häckselgut werden auch Wurst, Käse usw. keine Ratten anziehen.
- Geben Sie Eierschalen, ebenfalls zerkleinert, als wichtige natürliche Kalkquelle in den Kompost. Die innen haftende Haut ist ein Leckerbissen für die Kompostlebewesen, besonders für die Mikroorganismen.
- Sammeln Sie die organischen, möglichst bereits schon in der Küche zerkleinerten Reste dort in einem Komposteimer, der mindestens einmal pro Woche geleert werden sollte. Das Bestreuen der Reste mit Gesteinsmehl hilft Gerüche zu vermeiden.

GESTEINSMEHL: KOMPOSTQUALITÄT FÖRDERN

Gesteinsmehle versorgen die Rottemasse mit Mineralien wie Kalzium, Eisen, Magnesium und Kieselsäure sowie mit Spurenelementen wie Zink, Mangan und Kupfer. Diese Mineralien und Spurenelemente sind für die Mikroorganismen zur Bildung von Mikronährstoffen (z. B. von Vitaminen) wichtig.
Stäuben Sie bereits in der Küche jedes Mal über Ihre im Komposteimer gesammelten organischen Reste Gesteinsmehl. Dann werden von Anfang an die Verdauungsprozesse der Mikroorganismen unterstützt und folglich eine Fäulnisbildung mit unangenehmen Gerüchen vermieden.

Die Zugabe von Gesteinsmehl in den Kompost fördert durch die Aktivität der Bodenorganismen letztlich seine Humusqualität, die Krümelbildung sowie deren Stabilität.

Praktischer Riesenstreuer

Um das Gesteinsmehl über Ihre Küchenreste und den Kompost auszubringen, können Sie einfach ein leeres Glas mit Deckel und 500 ml Volumen zum Riesenstreuer umfunktionieren. Schlagen Sie hierzu mit einem kräftigen Nagel und Hammer etwa zehn Löcher in den Deckel und befüllen Sie das Glas ca. drei Viertel mit Gesteinsmehl. Wir verwenden in unserer Gärtnerei das vulkanische Urgesteinsmehl Vulkamin® (Bezugsadressen siehe S. 186), es enthält unter anderem das wichtige Spurenelement Kobalt. Kobalt ist für die Bildung des Vitamins Cobalamin „B_{12}" notwendig. Dieses für den Stoffwechsel des Menschen wichtige Vitamin wird bei richtiger Kompostierung und bei Verfügbarkeit von Kobalt durch Mikroorganismen im Kompost gebildet. Die Pflanzen nehmen das Vitamin bei der Kompostanwendung über das Wurzelsystem auf. Das Vitamin trägt zur Stärkung des pflanzlichen Immunsystems bei.

VERROTTUNGSTEST MIT ZITRONE

Testen Sie selbst die Bedeutung des Zerkleinerns für die Verrottung anhand einer Zitrusfrucht. Geben Sie eine ausgepresste Frucht halbiert in den Kompost – eine Hälfte unzerkleinert, die andere Hälfte auf die vorgegebene Größe klein geschnitten. Beobachten Sie eine Woche lang die Veränderungen. Sie werden staunen.

Was ist Urgesteinsmehl
Woraus besteht Urgesteinsmehl
Welchen vielfachen Nutzen bringt Ihnen Urgesteinsmehl

DAS IST *wirklich* WICHTIG

[a] MIT DEM KOMPOST-PRÄPARATE-ROHR wird zuerst ein Loch in die Miete gestoßen. Der innere Stock kann anschließend wieder herausgezogen werden.

[b] DAS ENTSPRECHENDE KOMPOST-PRÄPARAT in ein kleines Stück Küchenkrepp einwickeln und dann bis zum Boden des Lochs fallen lassen.

[c] DAS LOCH wird wieder fest verschlossen, das Präparateklümpchen sollte möglichst in der mittleren Tiefe des Komposts zum Liegen kommen.

[d] ALS FLÜSSIGE, DYNAMISIERTE ZUGABE kommt Baldrian über den gesamten Komposthaufen.

[e] ZUM SCHLUSS wird die Miete mit dem Kompostvlies abgedeckt.

KOMPOST PRÄPARIEREN

Miete und Gefäße

Nach der biologisch-dynamischen Methode wird der zubereitete Kompost in regelmäßigen Abständen mit den sechs Kompost-Präparaten „geimpft". Sie bewirken eine gute Rotte und die Anbindung der kosmischen Kräfte.

Der Zusammenklang der sechs Kompost-Präparate wird am besten an einem Blütentag bei absteigendem Mond ca. alle zwei Monate im Kompostgefäß oder der Kompostmiete hergestellt (siehe S. 82/83).

PRÄPARIEREN SCHRITT FÜR SCHRITT

Die fünf festen Präparate Eichenrinde, Kamille, Brennnessel, Löwenzahn und Schafgarbe kommen so in den Kompost, dass sie wie die Zahl Fünf auf dem Würfel angeordnet sind **[→e]**. Der Abstand der einzelnen Präparate zueinander beträgt bei einer Kompostmiete dabei mindestens 20 cm und maximal 1 m. Die Brennnessel wird immer in die Mitte gegeben! Bei den anderen vier festen Präparaten ist die Anordnung beliebig. Praxistauglich hat sich dabei erwiesen, sie in alphabetischer Reihenfolge in den Kompost einzubringen.

Aus dem Vorrat wird so viel des entsprechenden Präparats entnommen, wie man zwischen drei Fingern greifen kann. Das sind also kleine „homöopathische" Mengen. Sie werden in ca. 40 cm Tiefe punktförmig, d. h. nicht gestreut, in die vorpräparierten Löcher im Kompost gegeben **[→a bis c]**. (Bei langen Mieten, wie auf Höfen oder in Gärtnereien, werden die Präparate hintereinander auf den Kamm der Miete im Abstand von einem Meter eingebracht. Auch hier bildet die Brennnessel immer die Mitte der fünf Einbringungen.)
Zum Schluss kommt über das Ganze ein Hauch von „dynamisiertem" (gerührtem) Baldrianblütenextrakt **[→d]**. Dazu nehmen Sie für Ihren Hauskompost einige Tropfen Baldrianblütenextrakt (lässt sich gut in dunklen Flaschen lagern) auf 1 l handwarmes Wasser und rühren dies in wechselnder Drehrichtung zehn Minuten lang. Danach wird die Flüssigkeit über dem Haufen fein verteilt, am besten mit einer Gartenspritze oder einem Handfeger.
Abschließend decken Sie das Kompostgefäß mit seinem Deckel bzw. die Kompostmiete mit Kompostvlies zu **[→e]**.

WER PRÄPARATE SELBST HERSTELLEN MÖCHTE, kann sich einer biodynamischen Hausgarten-Gruppe im Demeterverbund anschließen. Dort werden unter fachkundiger Anleitung gemeinsam zu bestimmten Terminen die Präparate hergestellt, Adressen siehe S. 186.

[a]

DAS IST *wirklich* WICHTIG

[a] WENN IM KOMPOST die Mikroorganismen so richtig am „Arbeiten" sind, kann die erste Präparation erfolgen.

[b] UM EINE EINFACHE HANDHABUNG der Präparatemengen zu ermöglichen, hat sich bei uns in der Gärtnerei die Herstellung kleiner Präparateklümpchen zum Betriebsstandard entwickelt. Die kleine Präparatemenge wird in ein Küchenkrepp gegeben und anschließend befeuchtet, damit es gut zusammenklebt.

[c] DIE KOMPOST-PRÄPARATE werden einzeln verpackt als „Set" dem Hobbygärtner zur Verfügung gestellt.

[d] OB IM KOMPOSTSILO oder in der Miete, das Klümpchen wird immer in die mittlere Tiefe eingebracht.

[e] DAS BALDRIAN-PRÄPARAT wird mit wenigen Tropfen in lauwarmem Wasser 20 Minuten dynamisiert.

[b]

REIFEZEIT UND ANWENDUNG

Nach etwa 15 bis 30 Wochen ist der Kompost reif und kann in der Regel an einem Wurzeltag ausgebracht werden. (Wenn ein Pflanzentypus gestärkt werden soll, wird der Kompost, beispielsweise bei Kohl, an einem Blatttag ausgebracht.)
Arbeiten Sie den reifen Kompost möglichst umgehend und bis zu 10 cm tief in den Boden ein. Je länger reifer Kompost liegt, desto mehr verliert er seine düngende Wirkung. Bringen Sie den Kompost nicht nur oberflächlich aus. Das Sonnenlicht würde in wenigen Stunden die wertvollen, mikrobiellen Bestandteile des Komposts zerstören, und mit dem nächsten Regen würden wichtige Inhaltsstoffe ausgewaschen.
Die beste Anwendungszeit für Kompost ist von Mitte März bis Ende Oktober. In diesem Zeitraum ermöglicht die Bodenwärme eine gute mikrobiologische Aktivität im Gartenboden.
Die Reifezeit des Komposts richtet sich nach den jeweiligen Gartenkulturen. Für Kartoffeln, Kohl, Lauch und Knollen-Sellerie sowie für weitere starkzehrende (Nährstoff liebende) Gemüse ist ein gut gerotteter, aber noch nicht vererdeter Kompost nach etwa 15 Wochen geeignet. Feinere Gemüse wie Möhren und Petersilie sowie Aussaaterden und Erden für die Jungpflanzenanzucht benötigen einen bereits gut durchrotteten, feinkrümeligen Kompost, der nach Waldboden duftet.

KOMPOSTREIFE PRÜFEN

Prüfen Sie mit diesem einfachen Test die Qualität Ihres Komposts: Füllen Sie eine Saatschale mit einer Kompostprobe und säen Sie darauf Kresse aus. Nach dem Angießen schieben Sie die Schale in einen Plastikbeutel, damit die Feuchtigkeit erhalten bleibt. Lassen Sie die Kresse keimen und aufwachsen, bis sie etwa 10 cm hoch ist. Beobachten Sie die Entwicklung. Zeigt die Kresse ein freudiges Wachstum, so ist der Kompost reif. Wächst die Kresse nur langsam oder sind die Wurzeln braun, ist der Kompost noch zu unreif und die Rotte nicht abgeschlossen. Mischen Sie den Kompost nochmals gut, impfen Sie ihn mit den biologisch-dynamischen Kompost-Präparaten und lassen Sie ihn weitere vier Wochen reifen.

[c]

[d]

[e]

KOMPOST-PRÄPARATE

im Überblick

Die pflanzlichen Ausgangsmaterialien der sechs Kompost-Präparatepflanzen sind die Heilpflanzen Baldrian, Brennnessel, Eichenrinde, Kamille, Löwenzahn und Schafgarbe. Hier sehen Sie, welche Pflanzenteile für die Präparateherstellung verwendet und wann sie geerntet werden.

PFLANZEN FÜR TIERISCHE ORGANE

Rudolf Steiner benannte Organteile von Tieren, in denen die einzelnen Pflanzen unterschiedliche Fermentationsprozesse im Zusammenspiel mit dem Boden und der Jahreszeit durchlaufen.
Die Präparatepflanzen werden in unserer Gärtnerei direkt angebaut. So sind wir schnell vor Ort, wenn der Erntezeitpunkt gekommen ist. Das wäre am Wildstandort nicht möglich.
In der Michaelizeit (um den 29. September) werden die Präparatepflanzen in unserer Gärtnerei in die tierischen Organhüllen gestopft und den entsprechenden Fermentationsprozessen ausgesetzt. Zu diesem Zeitpunkt stellen wir auch das Hornmist-Präparat her, während das Hornkiesel-Präparat erst im Frühjahr zubereitet wird.

BALDRIAN [1.]

Valeriana officinalis

Pflanzenteil: Blüte mit möglichst wenig Stielanteil.
Erntezeit: Am Morgen eines Blütentags zur Johannizeit (um den 24. Juni).
Herstellung: Baldrianblütenpresssaft. In der Gärtnerei werden für das Baldrian-Präparat ausschließlich Blüten verwendet. Noch am selben Tag werden die gesammelten Blüten gepresst. 3 kg Blüten ergeben ca. 250 ml Saft. Der Blütenpresssaft wird abschließend in dunkle Glasflaschen gefüllt und an einem kühlen Ort aufbewahrt.
Hinweis: Bewirkt eine wärmende Hülle für den Kompost.

BRENNNESSEL [2.]

Urtica dioica

Pflanzenteil: Frische Brennnesseln kurz vor der Blüte, die ersten Blütenansätze sind schon sichtbar.
Erntezeit: Am frühen Morgen eines Blütentags.
Herstellung: Die Brennnesseln werden gemäht und leicht angewelkt in eine Grube aus gut belebter, „lebendiger" Erde eingefüllt und festgestampft. Anschließend wird die Grube wieder mit Erde bedeckt.
Hinweis: Ist am einfachsten in der Herstellung zu handhaben.

KAMILLE [3.]

Matricaria recutita

Pflanzenteil: Volle Blüte ohne Stielanteil und vor der Befruchtung, d. h., die einzelnen kleinen Blüten sind noch nicht ganz geöffnet.
Erntezeit: Am Morgen eines Blütentags.
Herstellung: Die Blüten werden im Schatten getrocknet und bis zur Verwendung in einem geschlossenen Gefäß aufbewahrt.
Hülle: Rinderdarm
Hinweis: Befruchtung bedeutet Samenbildung, und samentragende Blütenköpfe sind für die Präparateherstellung ungeeignet.

LÖWENZAHN [4.]

Taraxacum sect. *Ruderalia*

Pflanzenteil: Noch nicht voll aufgeblühte Löwenzahnblüten ohne Stielanteil (die Blütenmitte darf noch nicht geöffnet sein).
Erntezeit: Am Morgen eines sonnigen Blütentags.
Herstellung: Die Blüten werden im Schatten getrocknet und bis zur Verwendung in einem geschlossenen Gefäß aufbewahrt.
Hülle: Bauchfell, Gekröse bzw. mittlere Bauchhaut des Rindes
Hinweis: Löwenzahnblüten sind Wetteranzeiger (wie viele andere Korbblütler), sie öffnen sich morgens bei gutem Wetter und schließen sich bei Regen und in der Dämmerung.

SCHAFGARBE [5.]

Achillea millefolium

Pflanzenteil: Voll aufgeblühte Schafgarbenblüten.
Erntezeit: Am Vormittag eines Blütentags.
Herstellung: Die Blüten werden der leichteren Ernte wegen zunächst etwas großzügiger mit Stiel geerntet, anschließend werden nur die obersten Blütchen mit einer Schere abgeschnitten, die Stiele komplett entfernt, die Blüten zum Trocknen ausgelegt und bis zur Verwendung in einem geschlossenen Gefäß aufbewahrt.
Hülle: Blase des männlichen Rotwilds.

STIEL-EICHE [6.]

Quercus robur

Pflanzenteil: Lose Borke eines älteren Baumes (mindestens 30 Jahre alt).
Erntezeit: Frühherbst
Herstellung: Die abgestorbene, lose Borke wird vom Baum abgelöst, fein gemahlen und bis zur Präparateherstellung aufbewahrt.
Hülle: Tierschädel
Hinweis: Der Baum wird durch das Ablösen der bereits abgestorbenen Borke nicht beschädigt.

[4.]

[5.]

[6.]

BODEN BELEBEN

Fruchtfolgen und Gründünger

BIOGÄRTNERN HEISST, DEN BODEN ZU BELEBEN UND IHN LEBENDIG ZU HALTEN. AUF VIELFÄLTIGE WEISE KÖNNEN WIR UNSEREN GARTENBODEN UNTERSTÜTZEN, DAMIT ER GESUNDE UND ERTRAGREICHE PFLANZEN HERVORBRINGT. ZWEI WICHTIGE INSTRUMENTE ZUR BODENBELEBUNG SIND IM BIOLOGISCHEN GARTEN DIE FRUCHTFOLGE UND GRÜNDÜNGUNG. AUCH IM HAUSGARTEN KANN MAN SIE SINNVOLL IN DIE GARTENPLANUNG UND -PFLEGE INTEGRIEREN.

DAS IST *wirklich* WICHTIG

[a] ROGGEN UND WINTERWICKEN können bis spät im Gartenjahr noch gesät werden. Das Wichtigste bei dieser Maßnahme ist die gute Durchwurzelung des Gartenbodens durch beide Pflanzen.

[b] HIER SIND DEUTLICH die Knöllchen zu erkennen, in denen Stickstoff gesammelt wurde.

[c] DER AUFWUCHS wird abgemäht …

[d] … UND AN ANDERER STELLE im Garten wieder als Mulch- oder Kompostbeigabe verwendet. Erfolgt eine Saatkultur, wird der grüne Aufwuchs nicht ins Beet eingearbeitet. Kohl oder Tomatenpflanzen kommen damit eher zurecht.

[a]

[b]

[c]

[d]

GRÜNDÜNGUNG

Erholung für den Boden

Die Gründüngung ist ein zentrales Mittel zur Bodenbelebung. Gründüngungspflanzen lockern mit ihrem vielfältigen Wurzelwerk den Boden und reichern ihn mit Stickstoff an.

Deshalb sollte man anstatt von Gründüngung besser von Wurzeldüngung sprechen. Gründüngungspflanzen sind bevorzugt Leguminosen, da diese Pflanzen den Boden zusätzlich mit Stickstoff anreichern. Man unterscheidet kurzfristige und längerfristige Gründüngung.

KURZFRISTIG IM FRÜHJAHR UND SOMMER

Für eine kurzfristige Gründüngung im Frühjahr eignet sich eine Gründüngung von vier bis acht Wochen mit Ackerbohnen. Soll das Gartenbeet Ende Mai bepflanzt werden, muss man die Ackerbohnen im Februar/März als Dichtsaat aussäen, d. h. im Abstand von 2 cm, einem Reihenabstand von ca. 10 cm und einer Saattiefe von ca. 4 cm.
Ende April werden die oberirdischen Teile der Ackerbohnen abgeschnitten und zerkleinert in den Kompost gegeben. Die Bohnenwurzeln verbleiben im Boden. Der in ihnen eingelagerte Stickstoff steht anschließend den Kulturen zur Verfügung.
Im Sommer bietet sich Alexandrinerklee für eine kurzfristige Gründüngung an.

LANGFRISTIG ÜBER DEN WINTER

Eine längerfristige Gründüngung dauert mindestens vier Monate bis zu einem Jahr. Die positiven Auswirkungen auf die Bodenqualität überwiegen den langen Zeitraum um ein Vielfaches. Für die längerfristige Gründüngung im Winterhalbjahr bietet sich eine Mischung aus Winterroggen und Wicke im Verhältnis 80 : 20 an. Roggen lockert den Boden hervorragend, eine einzige Roggenpflanze bildet ein bis zu 600 km umfangreiches Wurzelwerk. Die Wicke kann an ihren Wurzeln mithilfe von Knöllchenbakterien Stickstoff aus der Luft binden.
Alle Gartenbeete, die ab Oktober nicht mehr für den Anbau verwendet werden, sollten zur Bodenbelebung eine Winterwurzeldüngung erhalten. Die Roggen-Wicken-Mischung kann bis Anfang Dezember im Beet eingesät werden.

Schritt für Schritt

Die im Herbst gesäte Gründüngung aus Winterroggen und Wicke wird im Frühjahr, wenn die Fläche benötigt wird, mit einer Sichel bzw. mit der Sense oder dem Rasenmäher möglichst kurz abgeschnitten und später als Mulch für andere, große Kulturen verwendet oder in den Kompost gegeben.
Nach dem Abmähen der oberirdischen Teile der Gründüngungspflanzen werden anschließend die Wurzelteile bei der Bodenlockerung in die oberste Bodenschicht eingearbeitet. So kann das feine Wurzelwerk den Bodenlebewesen für den Humusaufbau zur Verfügung stehen. An den Wurzeln der Wickenpflanzen kann man sehr gut die Knöllchen erkennen, in denen der Luftstickstoff eingelagert wurde. Er wird durch die umfangreiche Rotte im Boden der nächsten Kultur zur Verfügung stehen.

JEDE GRÜNDÜNGUNGSANSAAT ERFOLGT AN EINEM WURZELTAG mit Hornmist-Präparat. Säen Sie die Gründüngungspflanzen etwas dichter als Gemüsepflanzen, damit der Boden schnell bedeckt wird und Beikräuter unterdrückt werden. Während des Vierblattstadiums (vier pflanzentypische Blätter sind bereits ausgebildet) wird eine Hornkieselspritzung am Morgen eines Wurzeltages gegeben, um das Wachstum zu unterstützen.

FRUCHTFOLGE

für widerstandsfähige Pflanzen

Die Fruchtfolge ist ein wichtiges Instrument beim biologischen Gärtnern. Sie dient der kontinuierlichen Verbesserung und Schonung des Bodens. Zudem unterstützt sie das Bestreben, gesunde, widerstandsfähige Pflanzen zu erhalten.

FRUCHTFOLGE BEDEUTET FRUCHTWECHSEL

Fruchtfolge bedeutet, dass jedes Jahr ein Fruchtwechsel stattfindet, d. h., auf derselben Fläche werden im jährlichen oder mehrjährigen Wechsel Pflanzen angebaut, die zu unterschiedlichen Pflanzenfamilien gehören (siehe auch S. 56 f.). Dieser Wechsel dient dazu, dass der Boden nicht zu stark ausgelaugt wird. Mitglieder derselben Pflanzenfamilie führen dem Boden ähnliche Pflanzenausscheidungen zu und entziehen ihm ähnliche Nährstoffe. Durch einen gezielten Wechsel der Pflanzenfamilien im Anbau bleibt die Vielfalt der Stoffe im Nahrungsnetz des Bodens gewahrt. Mit der Fruchtfolge können Sie keine kurzfristigen Erfolge mit kurzfristigen Hilfen erwarten. Nur wenn Sie dem Boden als lebendigem Organismus Zeit zum Reagieren lassen, bleibt das Ökosystem des Gartens im Gleichgewicht.

EIN BEETPLAN ZUR DOKUMENTATION

Der Boden erholt sich je nach Pflanzenfamilie unterschiedlich lange. Vertreter aus der gleichen Pflanzenfamilie sollten etwa nach drei Jahren erst wieder auf das gleiche Beet gepflanzt werden. Berücksichtigen Sie dies bei Ihrer Fruchtfolgeplanung im neuen Gartenjahr.

Wenn Sie im Herbst oder Winter Ihre Gartenplanung für das kommende Gartenjahr machen, sollten Sie am besten eine Skizze oder eine Tabelle mit den einzelnen Beeten Ihres Gartens aufzeichnen. In diese Übersicht tragen Sie die geplanten Kulturen ein und bewahren die Gartenpläne der einzelnen Kalenderjahre gut auf. Sie dienen als Grundlage für Ihre Anbauplanung in den Folgejahren. Kontrollieren Sie bei jeder neuen Jahresplanung die Beetbelegungen der letzten Jahre. So können Sie Fehler in der Fruchtfolge vermeiden. Beispielsweise dürfen Kreuzblütler nacheinander im selben Beet nur alle fünf Jahre angepflanzt werden.

VON STARKZEHRERN BIS SCHWACHZEHRERN

Man unterscheidet in der Fruchtfolge starkzehrende, mittelzehrende, schwachzehrende und bodenschonende Kulturen. Nach einer Wurzeldüngung (siehe S. 88/89) werden grundsätzlich zuerst starkzehrende Gemüse gepflanzt. Sie schätzen den gut gedüngten, „ausgeruhten" Boden. Zu den Starkzehrern zählen beispielsweise Paprika, Kohl, Lauch, Kartoffeln, Tomaten, Auberginen, Fenchel und Mais. Sie benötigen einen stickstoffreichen Boden. Dies wird durch eine Wurzeldüngung mit Leguminosen erreicht.

Zu den bodenschonenden bzw. schwachzehrenden Kulturen zählen Kräuter wie Borretsch, Basilikum und Dill, die unter natürlichen Bedingungen auf mageren, nährstoffarmen oder trockenen Standorten zu finden sind. Auch Leguminosen wie Bohnen und Erbsen sowie Erdbeeren und Blumen sind schwachzehrende Kulturen. Mittelzehrende Kulturen liegen zwischen diesen beiden Extremen. Dazu zählen z. B. Spinat, Zwiebeln, Salate, Möhren, Rote Bete, Pastinaken.

EINE SECHSJÄHRIGE FRUCHTFOLGE

Achten Sie bei der Anpflanzung Ihrer Fruchtfolge entsprechend der jeweiligen Pflanzenart auf den richtigen Tag: Wurzelpflanzen an Wurzeltagen, Blattpflanzen an Blatttagen, Blütenpflanzen an Blütentagen und Fruchtpflanzen an Fruchttagen. Bringen Sie gleichzeitig mit der Bodenbearbeitung eine große Menge guten Komposts in das Gartenbeet mit ein. Bei Schwachzehrern eine Schicht von ca. 1 cm feinem, reifem Kompost ausbringen. Bei Mittelzehrern etwa 2 bis 3 cm reifen, ungesiebten Kompost. Starkzehrer erhalten 5 bis 8 cm fast verrotteten Kompost.

Die geplante Fruchtfolge sollte immer mit einer Wurzeldüngung, z. B. mit ein- oder mehrjährigen Kleearten, Roggen, Wicken oder anderen Leguminosen begonnen und beendet werden. Die Bodenbearbeitung mit Hornmist-Präparat sowie die Gabe von Hornkiesel erfolgen jedes Jahr. Sie werden deshalb bei dem Beispiel nicht mehr in den einzelnen Jahresübersichten aufgeführt.

1. Jahr
Pflanzen Sie im ersten Jahr nach der Wurzeldüngung (siehe S. 88/89) an einem Wurzeltag Kartoffeln oder eine andere starkzehrende Kultur wie Tomaten, Auberginen, Paprika. Bringen Sie mit der Pflanzung eine große Menge guten Komposts oberflächig aus. Achten Sie bei Fruchtpflanzen auf die Arbeit an Fruchttagen und bringen Sie auch das Hornmist-Präparat an diesen Tagen aus!
Im Sommer können Sie nach den Kartoffeln auf dieses Beet Feldsalat oder Spinat setzen. Hierzu erfolgt eine flache Bodenbearbeitung an einem Blatttag.

2. Jahr
Bauen Sie im zweiten Jahr auf diesem Beet nochmals starkzehrende Kulturen wie Kohl oder Lauch an (Wurzelpflanzen an Wurzeltagen, Ausnahme Brokkoli) und bringen Sie dazu eine gute Menge Kompost aus. Der Kohl kann bereits im Herbst geerntet werden oder über den Winter stehen bleiben.
Am Ende des zweiten Jahres können Sie dem Kohl eine Überwinterungsansaat mit einer Winterroggen-Winterwicken-Mischung als Wurzeldüngung folgen lassen.

3. Jahr
Im dritten Jahr können Sie auf diesem Beet mittelzehrende Wurzelgemüse säen (an Wurzeltagen), z. B. Möhren, Rote Bete, Pastinaken oder Petersilienwurzel. Die eventuelle Wurzeldüngung des Vorjahres müssen Sie frühzeitig, je nach Witterungsverlauf Anfang bis Mitte März, vom Beet nehmen. Die oberirdischen Pflanzenteile kommen in den Kompost, die Wurzeln verbleiben als Stickstofflieferanten im Boden.

4. Jahr
Stärken Sie im Frühjahr des vierten Jahres den Boden dieses Beetes mit reifem Kompost und bauen Sie anschließend im Wechsel immer wieder Schwachzehrer wie Salate oder andere kurze Gemüsekulturen wie Radieschen und Kresse an. (Der konstellative Anwendungszeitpunkt der Präparate richtet sich dabei nach der anzubauenden Gemüsekultur, also Salate am Blatttag, Radieschen am Wurzeltag.)

5. Jahr
Unterstützen Sie im fünften Jahr die Bodenfruchtbarkeit durch Blüten- oder Kräuterpflanzen, wie z. B. Borretsch, Basilikum und Dill.

6. Jahr
Wurzeldüngung, z. B. mit Weiß- oder Rotklee. Der Klee wird danach abgemäht und zum Mulchen verwendet. Er kann auch zerkleinert auf den Kompost gegeben werden.

BLÜHENDE BLUMEN
zum Beete wechseln

Ein biologischer Garten braucht blühende Pflanzen. Die Blüten stellen für den Boden einen wichtigen zusätzlichen Impuls dar. Berücksichtigen Sie deshalb bei der Fruchtfolgeplanung immer auch blühende Beete.

BLÜHENDE BEETE IM GARTEN

Wenn Sie in Ihrem Garten hauptsächlich Nutzpflanzen wie Gemüse anpflanzen, haben Sie in der Regel nur wenige Blütenpflanzen. Durch eine entsprechende Fruchtfolgeplanung kann dieser Mangel ausgeglichen werden.
Betrachtet man die Pflanze unter dem Gesichtspunkt ihrer ganzheitlichen Entwicklung, stellt der Blühimpuls der Pflanze entsprechend der Konstellationsarbeit eines der vier Entwicklungsmerkmale der Pflanze dar (Wurzel, Blatt, Blüte, Frucht). Für ein gesundes Gedeihen der Pflanzen ist es daher wichtig, alle vier Entwicklungsmerkmale im Biogarten zu fördern.

Man kann die Gemüsebeete regelmäßig durch eine jahreszeitliche Blumenmischung in ein Blumenbeet verwandeln. Achten Sie wegen der langen Fruchtfolgepausen bei Kreuzblütlern darauf, dass aus dieser Familie keine Vertreter dabei sind, wie z. B. Blaukissen, Goldlack, Levkojen.
Man kann auch gezielt einzelne Blütenpflanzen wie Ringelblumen, Kornblumen, Kapuzinerkresse etc. aussäen. Die Blüten dieser Gartenpflanzen sind essbar, gesund und beispielsweise im Salat oder im Nachtisch eine höchst dekorative Augenweide. Außerdem unterstützen blühende Pflanzen die vielen Nützlinge im Garten.

BODENBEARBEITUNG AN WURZELTAGEN

Die umfassende Bodenbearbeitung für dieses spezielle Blumenbeet erfolgt an einem Wurzeltag. Sobald die Pflanzen blühen, wird ebenfalls an einem Wurzeltag das Hornkiesel-Präparat gegeben, damit die abblühende Pflanze vermehrt in die Wurzel wirken kann. Die reifen Samen werden abgepflückt und für die nächste Aussaat im darauffolgenden Jahr gesammelt. So verhindern Sie ein Aussamen der Blumen auf einem Beet, für das im nächsten Jahr der Anbau von Gemüsepflanzen geplant ist.

ABMÄHEN IN ZWEI SCHRITTEN

Sie können die Blumen am Ende der Blühzeit auch zweischrittig abmähen. Dies geschieht bevorzugt am frühen Morgen, um Insekten nicht zu gefährden. Das Abmähen in zwei Schritten bedeutet, dass an einem Tag ein Beet gemäht wird und zwei Tage später das andere. So haben die Insekten, die wichtig für den gesunden Mikrokosmos im Biogarten sind, immer ausreichend Nahrung. Die abgeschnittenen Pflanzen kommen zerkleinert in den Kompost. Abends an einem Wurzeltag wird dann wieder das Hornmist-Präparat gegeben.

AUCH MANCHE KRÄUTER KANN MAN BLÜHEN LASSEN! **Thymian, Ysop, Lavendel, Salbei, Dill und Schnittlauch bekommen, wenn sie nicht für die Verwendung in der Küche geschnitten werden, schöne und für nützliche Insekten sehr attraktive Blüten.**

[1.]

[2.]

[3.]

GRÜNDÜNGERPFLANZEN

Bodenlockerer und Stickstoffsammler

Gründüngerpflanzen leisten einen wichtigen Beitrag für die Belebung des Bodens. Mit ihren Wurzeln lockeren sie die Erde und viele können Stickstoff aus der Luft sammeln!

STUDENTENBLUME [1.]

Tagetes

Pflanzenfamilie: Korbblütler
Aussehen: Stark duftend, buschig und im Mittel 50 bis 60 cm hoch wachsend. Attraktiver, dankbarer Dauerblüher!
Anwendung: Wird zur raschen Bodengesundung verwendet und vermindert Fadenwürmer *(Nematoden)* schon nach etwa drei Monaten. Ideal für anspruchsvolles Gemüse (Kartoffeln, Karotten, Tomaten).
Aussaat: Fast die ganze Saison über, von April bis Oktober möglich! Etwa 3 mm tief.
Tipp: Die Studentenblume kann müde Rosen wieder vital austreiben und aufblühen lassen. Einfach zwischen die Rosen säen.

BUCHWEIZEN [2.]

Fagopyrum esculentum

Pflanzenfamilie: Knöterichgewächse
Aussehen: Ein- oder mehrjährig, krautige Pflanze mit einfachen Laubblättern und vielblütigen Blütenständen mit fünf Blütenhüllblättern.
Anwendung: Unterdrückt wirkungsvoll Wildkräuter, auch Quecken. Seine hohlen Stängel sorgen für eine gute Bodendurchlüftung. Wählen Sie lockere, kalkreiche Substrate.
Aussaat: Breitwürfig aussäen; Keimung innerhalb weniger Tage.
Wurzelsystem: Weitreichende und tiefe Pfahlwurzeln.
Tipp: Die Früchte des Buchweizens und das daraus gewonnene Mehl sind glutenfrei.

LUZERNE [3.]

Medicago sativa

Pflanzenfamilie: Schmetterlingsblütler
Aussehen: Wichtige, immergrüne Nutzpflanze. Bildet dichte, intensiv grüne Kolonien. Wird bis etwa 90 cm hoch und blüht von Juni bis September.
Anwendung: Nicht vor Bohnen / Erbsen! Effektiver Stickstoffsammler und über einen längeren Zeitraum hervorragender Bodenlockerer. Konkurrenzstark.
Aussaat: März bis August; meiden Sie saure, zu feuchte Böden.
Wurzelsystem: Tiefwurzelnde Pfahlwurzel und viele bodennahe Faserwurzeln.
Besonderheit: Ihre violetten Blüten werden ausschließlich von Hummeln bestäubt.

WEISSER SENF [4.]

Sinapis alba

Pflanzenfamilie: Kreuzblütler

Aussehen: Die einjährige, krautige Pflanze wird bis zu 120 cm hoch und bildet zahlreiche gelbe Blüten aus, die in Dolden zusammenstehen.

Anwendung: Nicht neben Kreuzblütlerpflanzen, ansonsten unkompliziert. Sorgt für einen feinkrümeligen Boden.

Aussaat: Kann von März bis September (in Reihen von 10 bis 20 cm, breitwürfig) ausgesät werden. Sonniger bis halbschattiger, nicht zu feuchter Standort.

Wurzelsystem: Weit verzweigt, auch oberflächennah.

Tipp: Saat im Frühjahr (etwa April) bringt Schoten im Juli / August. Die gereinigten und getrockneten Samen sind eine würzige Küchenzutat.

ROTKLEE [5.]

Trifolium pratense

Pflanzenfamilie: Schmetterlingsblütler

Aussehen: Ausdauernde (mehrjährige), krautige Pflanze mit Wuchshöhen zwischen 15 und 60 cm. Aufrecht wachsend. Vielblütige, kugelige bis eiförmige Blütenstände (weiß bis rötlich). Blütezeit: Ende April bis Oktober.

Anwendung: Effektiver Bodenverbesserer: Stickstoffbinder durch Symbiose mit Bakterien, Bodenlockerer durch Wurzelsystem. Am besten als Vorfrucht auf die Flächen bringen.

Aussaat: Ab April bis August aussäen (Saatbeet).

Wurzelsystem: Tief reichende Pfahlwurzel (bis zu 2 m!)

Besonderheit: Wichtige Bienen- / Hummelweide.

BIENENFREUND [6.]

Phacelia tanacetifolia

Pflanzenfamilie: Wasserblattgewächse

Aussehen: Krautig, behaart, ein-, zwei- oder mehrjährig (je nach Art). Dichtes Wurzelsystem. Spiralig angeordnete Laubblätter und schneckenförmige Blütenstände.

Anwendung: Unkompliziert! Überträgt keine Krankheiten, da mit keiner unserer Nutzpflanzen verwandt und filtert über ihr Wurzelwerk giftige Nitrate aus dem Boden. Guter Bodenbeschatter. Einfach zwischen die Kulturen pflanzen. Abgestorbenes im Boden belassen.

Aussaat: Bis August, bei Sonne

Wurzelsystem: Flachwurzler; daher kaum Nährstoffkonkurrenz.

Besonderheit: Gut schattenverträglich, nasskalte Witterung schwächt die Pflanze.

ALEXANDRINERKLEE

Trifolium alexandrinum

Pflanzenfamilie: Schmetterlingsblütler

Aussehen: Einjährige, krautige und niederliegend wachsende Pflanze. Dreizählige Laubblätter (leicht gezähnt) und kugelige Blütenstände (weißlich). Blüht etwa von Mai bis September. Bis 1 m hoch.

Anwendung: Effektiver Flächendecker, guter Stickstoffsammler. Anspruchslos und unkompliziert. Idealerweise als Vorfrucht auf die Flächen bringen, entsprechend untermischen.

Aussaat: Bis Ende Juli; ca. 2 bis 3 g / qm, Saatbeet.

Wurzelsystem: Flachwurzler, weit verzweigt.

Tipp: Als Zwischenfrucht nach Frühkartoffeln ideal.

WEITERE WURZELDÜNGERPFLANZEN: **Winterwicke (Stickstoffsammler, schnelle Bodenbedeckung), Sommerwicke (Stickstoffsammler, schnelle Bodenbedeckung), Ölrettich, Inkarnatklee (Stickstoffsammler, Winterzwischenfrucht), Perserklee (Stickstoffsammler), Esparsette (sehr trockenheitsverträglich).**

[4.]

[5.]

[6.]

LIEBEVOLLE PFLEGE

für den Biogarten

GEMÜSE, OBST UND KRÄUTER STEHEN IM BEET OFT UM WASSER UND NÄHRSTOFFE IN KONKURRENZ MIT UNBELIEBTEN BEIKRÄUTERN. DURCH EFFIZIENTES HACKEN, EINE INTELLIGENTE MULCHABDECKUNG UND VORBEUGENDES JÄTEN KÖNNEN WIR UNSERE NUTZPFLANZEN IN IHREM WACHSTUM BEGLEITEN UND FÖRDERN.

DAS IST *wirklich* WICHTIG

[a] DIE PENDELHACKE ermöglicht ein sehr nahes Arbeiten im Wurzelbereich, ohne dass die Wurzeln verletzt werden. Die Hacke bleibt auch in der Erde gut sichtbar.

[b] FLACHE BODENBEARBEITUNG in aufrechter Arbeitshaltung schont den Rücken. Dazu ist ein langer Gerätestiel nötig. Wird der Boden nur flach bewegt, werden keine weiteren „schlafenden“ Beikrautsamen in die Keimzone geholt.

[c] GARTENARBEITEN IN GEBÜCKTER HALTUNG sind eine Zumutung für jeden Rücken.

HACKEN

Effiziente Pflege im Biogarten

Hacken ist eine wichtige Tätigkeit im Garten, die Pflanzen in ihrem gesunden Wachstum zu unterstützen. Es ersetzt Gießen, düngt den Boden und bekämpft unerwünschte Beikräuter sowie Schädlinge.

Durch Witterungseinflüsse wie Schlagregen usw. können Böden verkrusten und verschlämmen. Den Pflanzenwurzeln und dem sie umgebenden Bodenleben, wie Regenwürmern, nützlichen Bakterien und Pilzen, fehlt dann lebenswichtiger Sauerstoff zum Atmen. In Folge entstehen giftige Stoffwechselprozesse. Durch regelmäßiges Hacken werden die natürlichen Nährstoffquellen des Bodens aktiviert und pflanzenverfügbarer Stickstoff durch mikrobielle Prozesse freigesetzt.
Ein verkrusteter Boden ist außerdem nicht mehr in der Lage, Regenwasser ausreichend aufzunehmen. Ein durch Hacken gelockerter Boden kann Regenwasser wieder bis in tiefere Schichten leiten.

WANN HACKEN?

Das Hacken sollte bevorzugt während der Pflanzzeit zur geeigneten Konstellation erfolgen, also Wurzelpflanzen an Wurzeltagen etc. Ein zu feuchter Boden wird am besten morgens gehackt. Entsprechend wird ein zu trockener Boden abends gehackt, damit die Feuchtigkeit aus der Umgebung in den Boden einziehen kann. Grundsätzlich sollte nur flach gehackt werden, d. h. maximal 2 cm tief. So entsteht eine lockere Schicht, die die Feuchtigkeit reguliert.
Das Hacken sollte regelmäßig erfolgen, vor allem auch nach Regenfällen, wenn der Boden wieder etwas abgetrocknet ist. Nach dem Hacken kann sofort gemulcht werden (siehe S. 105).
Regelmäßiges Hacken im Keimstadium der Beikräuter erleichtert auch das spätere Jäten. Es bekämpft frühzeitig Samenbeikräuter, wie Ehrenpreis, Garten-Melde, Vogelmiere, und hindert sie, neue Samen auszubilden.
Die Pflanzen werden mit kleinen Erdresten an den Wurzeln herausgehackt. Sie vertrocknen so schneller als mit großen Erdklumpen. Achten Sie auf das flache Hacken, damit tiefer im Boden liegende Samenbeikräuter nicht an die Oberfläche gelangen und dort keimen.

HILFREICHE GERÄTE

Für ein langes, ermüdungsfreies Hacken in aufrechter Haltung empfiehlt sich eine Pendelhacke mit einem langen, ovalen Stiel [→a]. Ein ovaler Stiel benötigt bei einer seitlichen Pendelhackenführung bedeutend weniger Kraft als ein üblicher runder Stiel. Die Pendelhacke ist für jede Bodenart und alle Pflanzenkulturen geeignet. Das Pendelgelenk ermöglicht stoßende und ziehende Bewegungen. Es wird immer in beide Richtungen gearbeitet. Das leicht gebogene Messer der Pendelhacke befindet sich während des Arbeitens im Unterschied zu herkömmlichen Hackgeräten permanent im Boden. Das allseits geschliffene Messerband ermöglicht nahe an den Pflanzen zu hacken, ohne sie zu beschädigen.
Ein weiteres empfehlenswertes Hackgerät ist eine Blatthacke mit einer speziellen Hackblattstellung (siehe Service S. 186). Sie ermöglicht ein genaues, ziehendes Hacken in aufrechter Arbeitshaltung in maximal 2 cm Bodentiefe [→b]. Auch hier empfiehlt sich ein langer, ovaler Stiel zum rückenfreundlichen Arbeiten.
Für eine tiefgründige Bodenlockerung, beispielsweise bei Wurzelgemüse, eignet sich ein Sauzahn. Der Sauzahn lockert die Erde mit wenig Kraftaufwand bis zu 20 cm Tiefe, ohne die natürliche Bodenschichtung zu zerstören. Der Stiel sollte leicht gebogen sein, mit der Krümmung nach unten. Ein zusätzlicher Handgriff am Stiel erleichtert das Arbeiten.

[a]

[b]

DAS IST *wirklich* WICHTIG

[a] MITHILFE DES DISTELSTECHERS lassen sich die Wurzelunkräuter tief entfernen.

[b] BEI DER ENTFERNUNG tiefer Wurzeln können Sie auch sehen, wie oft die Wurzel wieder ausgetrieben hat.

[c] FLACHWURZLER lassen sich mit dem Messer gut entfernen, hier droht aus dem Wurzelrest keine Gefahr der Wiederverunkrautung.

[d] MIT DEM JÄTTELEFON ist es möglich, nahe an der Pflanze zu lockern. Noch nicht sichtbar keimendes Unkraut wird gestört, indem der Keimling unter der Erde abgeknickt wird.

[c]

[d]

UNKRAUT JÄTEN

Praktische Geräte aus der Biokiste

Unkräuter bedürfen geeigneter Methoden, um sie erfolgreich aus den Beeten fernzuhalten. Richtet man sich beim Jäten nach den Eigenarten der zu bekämpfenden Unkräuter, wird das Jäten eine befriedigende und schöne Tätigkeit.

Unkräuter gibt es nicht. Sie stehen nur „am falschen Platz". Deshalb werden sie heute auch eher Beikräuter genannt. Viele dieser Pflanzen sind sehr gesund und sehen, wie beispielsweise Klatsch-Mohn, zudem noch schön aus. Etliche von ihnen zählen zu den Heilkräutern und sind wichtige Futter- und Überwinterungspflanzen für „tierische Gartenhelfer", wie z. B. Schmetterlinge.

SAMEN- UND WURZELUNKRÄUTER

Um Beikräuter effizient im Gartenbeet zu entfernen, sollte man wissen, dass es tief wurzelnde und flach wurzelnde Beikräuter gibt. Tiefwurzler erkennt man an dem tief in den Boden reichenden Wurzelwerk. Daraus kann die Pflanze auch nach flachem oberirdischen Abschneiden wieder neu austreiben. Zu ihnen gehören beispielsweise Disteln, Winden und Löwenzahn. Je tiefer bei Tiefwurzlern die Wurzeln entfernt werden können, desto dauerhafter ist ihre Bekämpfung. Ein flaches Abhacken eines Tiefwurzlers ist dauerhaft keine erfolgreiche Bekämpfung.

DISTELSTECHER FÜR TIEFWURZLER

Ein hilfreiches Gartengerät bei der Bekämpfung von tief wurzelnden Beikräutern ist der sogenannte Distelstecher [→a]. Mit ihm kann man die Wurzeln viel tiefer herausziehen, als dies mit der Hand möglich wäre. Man sticht seitlich leicht schräg und möglichst tief unter die Pflanze, damit man anschließend die Wurzeln entsprechend tief genug ausgraben kann.
Auch die Grabegabel ist sehr gut geeignet, bei der Bodenbearbeitung vorhandene Wurzelbeikräuter freizulegen. Ein Spaten würde die Unkrautwurzel in viele Stücke teilen, die dann wieder austreiben.

FLACHWURZLER GEZIELT ABSCHNEIDEN

Bei flach wurzelnden Beikräutern ist kein tiefes Stechen nötig. Man entfernt sie am besten mit einem Messer [→c]. Man erkennt sie am büscheligen Wurzelwerk. Flachwurzler sind beispielsweise Portulak, Hirse und Vogelmiere. Der Vegetationspunkt, also die Stelle, an der die Pflanze ihr Hauptwachstum fortsetzt, ist im Gegensatz zu den Tiefwurzlern über der Erde. Zum Entfernen flach wurzelnder Beikräuter genügt es, wenn man mit einem Messer ca. 1 cm unterhalb der oberirdischen Pflanzenteile in die Erde einschneidet, den sogenannten Wurzelhals durchtrennt und das Beikraut mit dem abgeschnittenen Wurzelteil herauszieht. Die Pflanze kann so nicht mehr aus dem unterirdischen Bereich herauswachsen. Übrigens können Sie den äußerst gesunden Portulak anschließend einem frischen Salat beigeben.

JÄTTELEFON FÜR JUNGES BEIKRAUT

Eine sinnvolle Jäthilfe ist das sogenannte „Jättelefon". Damit kann man insbesondere zwischen eng wachsenden Kulturen junge Beikräuter rasch und relativ mühelos entfernen [→d]. Mit diesem Gerät lassen sich zudem junge Gemüsereihen sehr gut jäten, da man ohne Anstrengung äußerst nahe an die Pflanzen herankommt, ohne diese zu beschädigen.
Am besten arbeitet man das Beet am Morgen eines sonnigen Tages mit der Jäthilfe durch. Anschließend lässt man das junge Beikraut, möglichst ohne Wurzeln, als Mulch an der Oberfläche liegen. Bis zum Nachmittag ist das gemulchte Beikraut vertrocknet und kann als Bodenschutz dienen.

[1.]

[2.]

[3.]

[4.]

BEIKRÄUTER

Konkurrenten um Wasser und Nahrung

Unkräuter wachsen „bei" unseren Blumen und Nahrungspflanzen. Sie stehen mit ihnen in Konkurrenz um Wasser und Nährstoffe. Daher sollten wir sie frühzeitig entfernen.

WINDE [1.]

Convolvulus arvensis
Unkrauttyp: Wurzelunkraut
Aussehen: Krautige, windende Pflanze mit auffälligen weiß-rosa Blüten und beachtlich tief reichenden Wurzeln.
Vorkommen: Auf nährstoffreichen, kalkhaltigen Böden mit hohem Lehmanteil.
Ausbreitung: Pfahlwurzel mit etlichen Ausläufern.
Bekämpfung: Hacken, tiefgründige Bodenlockerung, ggf. Teilbereiche des Bodens austauschen.
Tipp: Regelmäßige Bodenlockerung ist die effektivste Bekämpfung und sollte mit anderen Arbeitsgängen verbunden werden.

ACKER-SCHACHTELHALM [2.]

Equisetum arvense
Unkrauttyp: Wurzelunkraut
Aussehen: Aufwärts gerichtete, quirlig verzweigte und intensiv grüne Triebe; bis 50 cm hoch.
Vorkommen: Auf verdichteten (stark bearbeitet), humusarmen Böden.
Ausbreitung: Durch tief reichendes Wurzelsystem (Rhizome).
Bekämpfung: Ausgraben, denn nur die Entfernung der ganzen Pflanze ist wirkungsvoll. Belassen Sie keine Wurzelreste im Boden! Gute Bodenlockerung schafft dauerhaft Abhilfe.
Besonderheit: Aufgrund des hohen Gehalts an Kieselsäure fand die Pflanze früher oft Verwendung zum Polieren von Gefäßen aus Zinn. Sie wird im Volksmund daher auch Zinnkraut genannt.

LÖWENZAHN [3.]

Taraxacum sect. *Ruderalia*
Unkrauttyp: Wurzelunkraut
Aussehen: Kompakt, rosettenartiger Wuchs. Gelbe Blüten, die sich zu den markanten „Pusteblumen" entwickeln.
Vorkommen: Fast überall, bevorzugt schwere, tonhaltige Böden; Pionierpflanze.
Ausbreitung: Durch lange, tief reichende Pfahlwurzel. Regeneriert sich auch aus kleinsten Wurzelstückchen. Zusätzlich über Samen.
Bekämpfung: Pflanze restlos entfernen, am besten mit einem Distelstecher oder ausreichend langem Messer.
Tipp: Löwenzahn kann als aromatischer und gesunder Tee (Vitamin C) genossen werden. Überbrühen Sie einfach die komplette Pflanze mit heißem Wasser (etwa zehn Minuten).

TAUBNESSEL [4.]

Lamium
Unkrauttyp: Samenunkraut
Aussehen: Einjährige, ausdauernde, krautige und stark behaarte Pflanze.

Nesselartige Blätter mit prägnanter Netznervtur. Blüten weiß, rosa, purpurn in Scheinquirlen.
Vorkommen: Auf stickstoffreichen Böden.
Ausbreitung: Ausläufer (winterhart).
Bekämpfung: Da bei günstigen Bedingungen sehr ausbreitungswillig, nur durch Rodung und tief reichende Bodenbearbeitung möglich.
Besonderheit: Taubnesseln sind wichtige Nektar- und Pollenpflanzen für Honigbienen.

GIERSCH [5.]

Aegopodium podagraria
Unkrauttyp: Stark wucherndes Wurzelunkraut.
Aussehen: Krautige Pflanze mit kantig gefurchtem Stängel, weißliche Doldenblüten, bis 1 m hoch.
Vorkommen: An schattigen, feuchten Plätzen auf nährstoffreichen Böden. Sehr oft im Ziergarten.
Ausbreitung: Ausläufer, lange, weitverzweigte (bodennahe) Rhizome.
Bekämpfung: Roden, Rhizome entfernen (Grabegabel), abdecken (Pappe, Folie).
Besonderheit: Giersch wirkt entgiftend und wird daher als Mittel gegen Gicht verwendet.

GUNDERMANN [6.]

Glechoma hederacea
Unkrauttyp: Wurzelunkraut
Aussehen: Wintergrüne, krautige Pflanze mit niederliegendem, flächigem Wuchs und schönen blau-violetten Blüten.
Vorkommen: Auf leicht feuchten, nährstoffreichen/humosen Böden.
Ausbreitung: Durch lange, bewurzelte Ausläufer.
Bekämpfung: Regelmäßig jäten, dabei Pflanzen komplett entnehmen.
Besonderheit: Gundermann besitzt eine harntreibende Wirkung und hilft bei Entzündungen im Hals-, Nasen- und Ohrenbereich. Giftig für Tiere, v. a. Pferde!

VOGELMIERE [7.]

Stellaria media
Unkrauttyp: Samenunkraut
Aussehen: Krautige, niederliegend wachsende Pflanze mit sternförmigen, kleinen, weißlichen Blüten.
Vorkommen: Auf stickstoffreichen Böden.
Ausbreitung: Rasch wurzelnde Bodentriebe.
Bekämpfung: Durch Blütenentfernung, Samenbildung vermeiden.
Tipp: Sehr aromatisches Kraut mit vielen Möglichkeiten, z. B. als Tee oder auch als würziger Salat.

FRANZOSENKRAUT [8.]

Galinsoga parviflora
Unkrauttyp: Samenunkraut
Aussehen: Einjährige, krautige Pflanze mit bis zu 20 cm Wuchshöhe. Ungeteilte, gegenständige Laubblätter und zierliche weißlich gelbe Blütenstände.
Vorkommen: Auf frischen, stickstoffreichen, lehmigen Böden.
Ausbreitung: Selbstbestäubung; Samen bzw. Pflanzenteile werden oft durch Wind / Tiere verbreitet.
Bekämpfung: Intensive Bodenbearbeitung durch regelmäßiges Hacken und Mulchen.
Tipp: Schmeckt roh als Salat, gekocht als Gemüsebeilage (junge Pflanzen).

QUECKE

Elymus
Unkrauttyp: Samenunkraut
Aussehen: Ausdauerndes, krautiges Süßgras mit ährenartigem Blütenstand; wächst steil aufrecht.
Vorkommen: Auf nährstoffarmen Böden mit hohem Stickstoffgehalt (Trockenrasen, Wegränder etc.).
Ausbreitung: Über unterirdische Ausläufer stark wuchernd.
Bekämpfung: Regelmäßiges Jäten, um ein Austreiben der im Boden befindlichen Ausläufer zu unterbinden. Gute Beschattung des Bodens durch rasch wachsende Pflanzen ist dauerhaft am effektivsten.

[5.]

[6.]

[7.]

[8.]

DAS IST *wirklich* WICHTIG

[a] ZERKLEINERTE, FRISCHE, GRÜNE PFLANZENTEILE sind als Bodenauflage gut geeignet.

[b] UNTER GROSSEN PFLANZEN, wie z. B. Tomaten, können wir große Mengen Mulch bis nah an die Pflanze geben.

[c] IST DIE SCHICHT durch die Verdauungsprozesse des Bodens weniger geworden, kann immer wieder mit frischem Grün nachgelegt werden.

[d] MULCHEN ERSPART Gießwasser und mindert den Jäteaufwand.

[a]

[b]

[c]

[d]

MULCHEN

Pflegender Schutz für den Boden

Mulchen bedeutet den unbewachsenen Gartenboden mit organischem Material zu bedecken. Mulchen schützt, pflegt, verbessert den Boden und fördert das Bodenleben.

In der Natur gibt es fast keinen unbedeckten, „nackten" Boden. Der Boden und die Bodenlebewesen sind immer von einem organischen Schutzmantel, von einer Laub- oder Pflanzenschicht, umhüllt. Die Pflanzendecke in der Natur beschattet den Boden, aktiviert die Bodenorganismen, verhindert Nährstoffauswaschungen und schützt vor Frost, Austrocknung und Verdunstung. Der Boden wird mit organischer Substanz angereichert, die in Humus umgewandelt wird, und so auf natürliche Weise gedüngt.

GEEIGNETES MULCHMATERIAL

Nehmen Sie sich ein Beispiel an der Natur und bedecken Sie den Gartenboden mit Mulch. Zum Mulchen eignet sich möglichst vielfältiges, zerkleinertes organisches Material:

- Rasenschnitt
- Laub
- Zerkleinerte Beikräuter vor der Samenbildung (!)
- Grob zerkleinerte Brennnesseln und Beinwellblätter
- Abgemähte Gründüngungspflanzen und gehäckseltes Stroh

DIE PFLANZENDECKE AUSLEGEN

Vor allem leicht angewelkter Rasenschnitt, der in den meisten Gärten reichlich anfällt, eignet sich in nicht allzu dicker Lage von 3 bis 4 cm hervorragend zum Mulchen. Rund um die Pflanze bleibt etwas Platz, damit die Feuchtigkeit beim Gießen an die Pflanze gelangt. Vor einer neuen Mulchschicht oder nach dem Winter sollten Sie die Mulchreste in den Boden einarbeiten.
Gut zerkleinert und möglichst in der Pflanzzeit aufgelegt, dient die Mulchschicht als Bodenverbesserung. In der Pflanzzeit wird das Mulchmaterial von den Bodenorganismen gut und schnell verarbeitet. Gröberes Material dient vorrangig dem Schutz des Bodens.

MULCHEN ERSETZT GIESSEN

Vielleicht erscheint Ihnen ein gemulchtes Beet zunächst ungewohnt und etwas „unordentlich". Doch die Vorteile sprechen für sich. Die Bodenoberfläche wird nicht nur geschützt und beschattet, auch das Wasser bleibt im Boden und vermindert das Gießen. Bodenorganismen können, da der Boden nicht austrocknet, bis in die oberste Schicht aktiv sein. Dadurch bleibt der Boden locker. Vor allem Regenwürmer holen sich aus dem Mulchmaterial ihre Nahrung. Beikräuter werden durch die Mulchschicht unterdrückt bzw. sitzen lockerer und lassen sich leichter entfernen.
Eine regelmäßige Kompostgabe ist neben dem Mulchen zur dauerhaften Bodenverbesserung jedoch unabdingbar.

EINIGE TIERISCHE HELFER IM GARTEN, wie Ameisenlöwen und Grabwespen, benötigen „nackte" Erde für ihren Lebensraum. Halten Sie daher in einer Ecke Ihres Gartens den Boden frei von Pflanzenwuchs und Mulch.

HANDELSDÜNGER

Kurzfristige Helfer bei Nährstoffmangel

Ein lebendiger Boden entwickelt sich durch Kompostgaben, Gründüngung, aktive Bodenpflege und einer durchdachten Fruchtfolge. Ein Zukauf von organischen Handelsdüngern kann kurzfristig helfen, Nährstoffmangel auszugleichen.

Ein lebendiger Boden stellt in der Regel genügend Nährstoffe für die Pflanzen bereit. An der gesunden und kräftigen Entwicklung Ihrer Pflanzen können Sie dies erkennen. Sollten Sie jedoch noch nicht genug Kompost zubereitet haben oder waren Ihre Bemühungen in der Bodenbelebung (Gründüngung, Fruchtfolge, Mulchen usw.) noch nicht so erfolgreich und Sie konnten in der Bodenanalyse Nährstoffmangel feststellen, ist der Einsatz von organischen Handelsdüngern sinnvoll – das sollte Sie jedoch nicht davon abhalten, Ihren Kompost weiterhin mit frischen organischen Wertstoffen zu versorgen.
Wichtig ist bei organischem Handelsdünger die rechtzeitige Gabe, damit die Mikroorganismen ausreichend Zeit haben, den Dünger pflanzenverfügbar aufzubereiten. Der Handel bietet auch synthetische Dünger an, diese sollten im Biogarten jedoch nicht verwendet werden!

HORNDÜNGER BEI STICKSTOFFMANGEL

Im Hausgarten wird bei Nährstoffmangel in der Regel Stickstoff fehlen, da starkzehrende Pflanzen einen hohen Bedarf daran haben. In der Regel genügt daher ein stickstoffbetonter Einzelnährstoffdünger auf organischer Basis, der meist aus Horn besteht. Kali und Phosphor sind in den Gartenböden normalerweise ausreichend vorhanden. Horndünger besteht in der Regel aus zerkleinerten Kuhhörnern und Kuhklauen. Es gibt ihn als unterschiedlich fein gemahlene Varianten: Hornmehl und Hornspäne.
Hornmehl ist am schnellsten verfügbar. Es wirkt bereits nach etwa 14 Tagen bis drei Wochen, da die feine Mahlung von den Mikroorganismen sofort umgebaut werden kann. Hornmehldünger kann zur Nachdüngung bei „hungrigen", gelb aussehenden Kulturen flach in den Boden im Pflanzenbereich eingearbeitet werden.
Die etwas gröberen Hornspäne, auch Horngries genannt, werden von den Mikroorganismen langsamer verdaut. Ihre Hauptwirkungszeit entfaltet sich nach vier Wochen bis drei Monaten. Bei den ganz groben Hornspänen beginnt nach vier bis sechs Wochen der Stickstofffluss. Jedoch werden in der Regel nur ca. 60 % der Inhaltsstoffe im ersten Jahr freigesetzt. Der Rest steht im nächsten Jahr bei den Folgekulturen zur Verfügung. Grobe Hornspäne werden bei Stickstoffmangel im Boden in der Regel für starkzehrende Langzeitkulturen verwendet, z. B. für Knollen-Sellerie, Lauch, Kohl, Rosenkohl, Gurken und Tomaten. Die Hornspäne werden dann direkt bei der Pflanzung verabreicht.

AUSBRINGEN AUFS BEET

Geben Sie den organischen Dünger mit der Bodenvorbereitung in den Boden und arbeiten Sie ihn flach in die Oberschicht mit ein. Achten Sie darauf, dass der Hauptdüngerfluss in die Hauptwachstumszeit der Kulturen fällt. Die Pflanzen dürfen besonders in der Reife- und Erntezeit nicht mit einem Stickstoffüberangebot überdüngt werden. Dies beeinträchtigt die Lagerfähigkeit und den Geschmack der Früchte in hohem Maße! Zudem können die feinstofflichen Impulse, die mit dem konstellativen Arbeiten im Einklang mit Mond und Gestirnen angeregt werden sollen, nicht zum Entfalten kommen.

STARKZEHRER-MIX AUS KOMPOST

Sie können, wenn Sie bereits Kompost in ausreichender Menge haben, aus dem organischen Handelsdünger und einem guten Kompost einen sogenannten „Starkzehrer-Mix" zusammenstellen. Dazu setzen Sie etwa 75 % Kompost und 25 % des stickstoffhaltigen organischen Düngers im zeitigen Frühjahr zu einer besonderen Miete an, um in diesem Kompost eine schnellere Lebendverbauung durch den Handelsdünger zu bewirken. Sie können die Harmonisierung dieses Prozesses zusätzlich mit der richtigen Anwendung der Kompost-Präparate unterstützen.

Sie sollten etwa vier Wochen Zeit haben, bevor Sie diesen Spezialkompost zur richtigen Konstellation und unterstützt mit dem Hornmist-Präparat flach in das Gartenbeet einarbeiten. Da starkzehrende Kulturen lange im Gartenbeet stehen, kann es sinnvoll sein, wenn Sie etwa zwei Monate nach der Pflanzung noch mal etwas von dem Spezialkompost leicht zwischen die Reihen einarbeiten und anschließend die Zwischenräume mit einer guten Mulchschicht bedecken.
Die Anwendung dieses Starkzehrer-Mix beugt einer ungewollten Überdüngung Ihrer Pflanzen mit zu viel Stickstoff vor.

KALK BEI SAUREM BODEN

Die meisten Pflanzen bevorzugen einen Boden mit einem ausgewogenen Säureverhältnis, pH-Wert von 6,5 bis 7. Ausnahme sind Pflanzen mit halbschattigem Standort, wie Heidelbeeren, Brombeeren, Rhododendron, die einen eher sauren Boden mit pH-Wert unter 5,5 schätzen.
In der Regel braucht man im Biogarten auf den pH-Wert des Bodens (Säuregrad) kaum zu achten, denn der mit Mikroorganismen belebte Boden schützt sich meist selbst gegen überschüssige Säuren oder Basen.

Ist das Bodenleben aber nicht oder noch nicht im Einklang, kann eine Korrektur des pH-Wertes (Ergebnisse aus der Bodenanaylse) sinnvoll sein. Mit Dolomitkalk können Sie den pH-Wert und damit den Kalkgehalt Ihres Bodens heben, wenn dieser etwas zu niedrig ist, d. h., wenn der Wert unter 6,5 liegt.

SPEZIALJAUCHE

Wenn Sie keinen organischen Handelsdünger verwenden möchten, können Sie mit einem frischen Kuhfladen eine Art Jauche zubereiten und diese ausbringen. Verdünnen Sie den Fladen mit Wasser (ein Fladen pro 10 l Wasser), gießen Sie die Brühe über den Boden und arbeiten Sie diese anschließend flach ein. So können die Mikroorganismen sofort mit der Verarbeitung beginnen und das Sonnenlicht kann die wertvollen Substanzen nicht vernichten.

PFLANZEN STÄRKEN

Jauchen, Brühen, Gegenspieler

BRÜHEN UND JAUCHEN, NATÜRLICHE GEGENSPIELER UND MECHANISCHE FALLEN SIND UMWELTVERTRÄGLICHE METHODEN, UM KRANKHEITEN UND SCHÄDLINGEN IM BIOGARTEN VORZUBEUGEN UND SIE ZU BEKÄMPFEN.

[a]

DAS IST *wirklich* WICHTIG

[a] **FRISCHE JUNGE BRENNNESSELN** zerkleinern und in das Gefäß einstampfen.

[b] **MIT WASSER** wird aufgefüllt, bis das Gefäß voll ist.

[c] **DER ANSATZ** muss nun 24 Stunden ziehen.

[d] **DIE BRENNNESSELN** werden vor dem Gebrauch abgesiebt. Als „Sieb“ kann ein einfacher Damenstrumpf dienen.

[b]

[c]

IMMER EIN GEFÄSS MIT DECKEL VERWENDEN.

[d]

KALTAUSZUG

Widerstand gegen Schädlinge

Kaltauszüge sind umweltverträgliche Brühen zum Einsatz gegen Schädlinge. Gleichzeitig kräftigen sie die befallene Pflanze und stärken so aktiv ihre Widerstandskraft.

Die Kaltauszüge werden aus Heilpflanzen zubereitet und sind auch für den Hausgarten leicht selbst herzustellen.

DER BRENNNESSEL-KALTAUSZUG

Der Brennnessel-Kaltauszug ist ein Klassiker und ein leicht selbst herzustellendes Mittel gegen Läusebefall. Der Brennnesselauszug bzw. die aus den Brennnesseln gelöste Kieselsäure vertreibt die Läuse, ohne sie zu töten.

Und so geht's

Es werden frische, nicht blühende Brennnesseln *(Urtica dioica)* klein geschnitten, etwas gestampft und in ein Gefäß mit Deckel (Material beliebig) gegeben **[→a]**. Die Menge richtet sich nach der Anzahl der zu behandelnden Pflanzen (Verhältnis 1 kg frische Brennnesseln auf 10 l Wasser). Anschließend werden die Brennnesseln komplett mit kaltem Wasser bedeckt **[→b]** und mit dem Deckel vor Fliegen etc. geschützt **[→c]**. Nach etwa 24 Stunden wird das Brennnesselwasser abgeseiht **[→d]**, die Pflanzenreste zerkleinert in den Kompost gegeben und die befallenen Pflanzen tropfnass mit dem Kaltauszug eingesprüht. Vergessen Sie die Blattunterseiten nicht! Der Kaltauszug wird an einem Blatttag angewendet.

Der Brennnessel-Kaltauszug muss als Pflanzenschutzmittel immer frisch angesetzt werden. Er kann nicht auf Vorrat zubereitet werden. Übrig gebliebene Reste der Flüssigkeit können Sie leicht zu einer Jauche umfunktionieren (siehe S. 113) und damit Ihre Pflanzen düngen. Der Kaltauszug funktioniert übrigens nicht mit getrockneten Brennnesseln, da hier der Kieselsäureanteil zu gering ist.

Widerstandskräfte stärken

Die Pflanze wird durch den Brennnessel-Kaltauszug nicht komplett „lausfrei". Dies ist und sollte im biologischen Garten auch nicht unser Ziel sein. Bei der Anwendung geht es gleichzeitig darum, den pflanzeneigenen Schutz zu fördern.

BRENNNESSELN FÜR SCHMETTERLINGE

Damit Sie bei Läusebefall im Garten stets zeitnah reagieren können, empfiehlt es sich, einige Brennnesseln zu kultivieren. Gleichzeitig unterstützen Sie damit wichtige tierische Helfer im Garten. Denn Brennnesseln sind vorrangige Nahrungs- und Quartierpflanzen für viele Schmetterlinge und deren Raupen, wie Admiral, Distelfalter, Kleiner Fuchs etc.

[a]

[c]

DAS IST *wirklich* WICHTIG

[a] DER GÄRTOPF ist das beste Gefäß für die Jaucheherstellung. Er bietet Sonnenschutz, Luftabschluss und lässt die Gärgase entweichen. Das verdeckelte Gefäß lässt man ca. 14 Tage stehen und rührt gelegentlich um.

[b] DIE ENTNAHME DER BRÜHE erfolgt mit einfachen Mitteln. Die geklärte Brühe kann als Vorrat dienen und hält ca. drei Monate.

[c] DER ABGESIEBTEN BRÜHE wird Gesteinsmehl hinzugefügt, ca. 50 g pro Liter. Anschließend wird das Ganze ausgiebig gerührt, damit nochmals Luft hinzutreten kann.

[d] VERDÜNNUNG ca. 1 : 10.

[e] GEGEN ABEND wird direkt auf das Beet gegossen. Dies kann bei den meisten Pflanzen alle 14 Tage erfolgen.

[d]

[b]

[e]

JAUCHEN ZUBEREITEN

Kraftvolle Stärke für Pflanzen

Jauchen kräftigen die Pflanzen und dienen durch ihre düngende Wirkung dem vorbeugenden Pflanzenschutz. Auch sie können aus Heilpflanzen leicht selbst zubereitet werden.

DIE BRENNNESSEL-JAUCHE

Die Brennnessel-Jauche dient zur Kräftigung der Pflanzen sowie dem vorbeugenden Pflanzenschutz. Zudem ist sie ein milder Stickstoffdünger.

Verwendet man die nicht verbrauchten Reste des Brennnessel-Kaltauszuges von Seite 112/113, muss die Flüssigkeit anschließend einem Gärprozess unterworfen werden, der etwa zwei Wochen dauert. Durch diesen Gärprozess wird der Stickstoff aus den Brennnesseln pflanzenverfügbar gemacht. Deshalb können bei der Jauche, im Gegensatz zum Kaltauszug, auch getrocknete Pflanzen verwendet werden (200 g getrocknetes Material auf 10 l Wasser).

Bei der Jauche bedarf es ebenfalls eines Gefäßes mit Deckel. Achten Sie darauf, dass Sie das Gefäß nicht ganz befüllen (maximal vier Fünftel), da die Jauche während des Gärprozesses zu schäumen beginnt.

Rühren Sie die Flüssigkeit möglichst täglich kräftig um, damit die Sauerstoffzufuhr für den Gärprozess gewährleistet ist.

Ein Platz an der Sonne unterstützt den Prozess zusätzlich.

Die Brühe stinkt zu Beginn, der Geruch lässt jedoch im Laufe des Gärprozesses nach. Nach etwa 14 Tagen, je nach Wetterlage, ist die Brennnessel-Jauche fertig. Die Flüssigkeit ist nun dunkel verfärbt und schäumt nicht mehr.

Die Blätter und Stängelteile werden ausgesiebt und kommen zerkleinert in den Kompost.

Vorbeugend anwenden

Anschließend wird die Jauche mit Wasser im Verhältnis 1 : 10 (bei empfindlichen Pflanzen bis 1 : 20) verdünnt und im Wurzelbereich der Pflanzen auf den Boden gegossen. Am besten auf bereits feuchte Erde. Bei länger stehenden Kulturen wird die verdünnte Jauche während der Hauptwachstumszeit im Abstand von etwa 14 Tagen ausgebracht, bei kurzen Kulturen nur einmal. Bringen Sie die Jauche am besten an bedeckten Tagen aus und begießen Sie nicht die erntereifen Blätter, damit die Pflanzen keine Verbrennungen erleiden. Achten Sie darauf, dass die Konzentration nicht zu stark ist, da die Pflanzen sonst Schaden nehmen können.

DIE BRENNNESSEL-BEINWELL-JAUCHE

Die Brennnessel-Beinwell-Jauche wird von mir hoch geschätzt. Sie vereinigt die aufbauenden Wirkungen zweier Heilpflanzen und ist hervorragend für die Pflanzenstärkung geeignet. Sie enthält große Mengen an Stickstoff sowie Kalium, Phosphor und Spurenelemente.

Für die Herstellung werden Beinwell *(Symphytum officinale)* und Brennnesseln zunächst gemeinsam zerkleinert und die Flüssigkeit anschließend wie bei der Brennnessel-Jauche in einem Gefäß mit Deckel angesetzt. Auch hier empfiehlt es sich, Gesteinsmehl zur Förderung des Gärprozesses zuzusetzen.

Zerkleinerte Beinwellblätter können auch gut als bodennährende Mulchschicht eingesetzt werden (siehe S. 105).

DAS IST *wirklich* WICHTIG

[a] DIE GRABVASE wird 3 bis 4 cm tiefer als die Erdoberfläche im Gartenboden eingegraben.

[b] IN DEN BLUMENTOPF füllen wir den halb verrotteten Kuhmist sehr dicht gepresst ein.

[c] UM DIE FALLE „scharf" zu machen, wird der gefüllte Blumentopf exakt über die Grabvase gestellt. Achten Sie darauf, dass noch nichts in die Grabvase fällt.

[d] IN DEN PLASTIKTOPF eingesteckte Schraubenzieher verhindern, dass der Kuhmist aus dem Topf in die Grabvase rutscht.

[e] MIT EINEM LANGEN LÖFFEL wird der Übeltäter aus der Falle genommen und den Vögeln zur Speise gereicht.

MAULWURFSGRILLEN-FALLE

Jungpflanzen clever beschützen

Ein hilfreiches Mittel, um Jungpflanzen vor Maulwurfsgrillen zu schützen, ist eine sogenannte Werrenfalle. Sie wurde von meinem Vater entwickelt und ist sehr effektiv herzustellen. Daher möchte ich sie Ihnen hier gerne vorstellen.

EINE VERWANDTE DER HEUSCHRECKE

Maulwurfsgrillen, auch unter dem Namen Werren, Halbteufel (Schweiz) oder Zwergel bekannt, sind beinahe urzeitlich anmutende Verwandte der Heuschrecken. Sie können bis zu 7 cm lang werden, sind nachtaktiv und verbringen die meiste Zeit unter der Erde. Da sie lockere, kultivierte Böden beim Anlegen ihrer Tunnelsysteme bevorzugen, verwüsten sie oft frisch angelegte Gemüsebeete, denn sie schieben beim Graben die jungen Keimlinge aus dem Boden.

MATERIAL FÜR DIE FALLE

Zum Bau der Werrenfalle benötigen Sie eine Grabvase, einen kleinen Spaten, einen kleinen Löffel mit langem Stiel (z. B. Latte-macchiato-Löffel), einen kleineren Blumentopf aus Ton oder Plastik, dessen Durchmesser etwa 2 cm größer ist als die Grabvase, sowie noch nicht ganz verrotteten Kuhmist.

ANLEITUNG ZUM BAU

Die Maulwurfsgrille bewegt sich grundsätzlich etwa 1 bis 2 cm unterhalb der Erdoberfläche. Deshalb muss die Grabvase etwas tiefer, also etwa 3 cm unterhalb der Erdoberfläche, eingegraben werden. Graben Sie mit dem Spaten ein entsprechendes Loch für die Vase und stellen Sie diese hinein **[→a]**. Beim anschließenden Anfüllen der Erde um die Grabvase herum decken Sie die Vasenöffnung am besten mit der Hand ab, damit keine Erde in die Vase fällt. Achten Sie darauf, dass keine Hohlräume neben der Vase entstehen und die Vase etwa 2 cm tiefer als die Erdoberfläche liegt, sonst funktioniert der Trick nicht. In die Grabvase hineingefallene Erde wird mit dem Latte-macchiato-Löffel entfernt.

Der Blumentopf wird nun mit dem Kuhmist, der als Lockmittel für die Maulwurfsgrille dient, gefüllt **[→b]** und mit der Öffnung nach unten auf die Vase gestellt **[→c]**. Dazu muss der Mist noch ausreichend feucht und klebrig sein.

Die Maulwurfsgrille wird von den Duftstoffen des Mists angelockt, krabbelt unterirdisch in den Topf, fängt dort an zu graben und fällt, weil der Boden nachgibt, in die Vase hinein. Achten Sie deshalb darauf, dass Sie den Mist nicht zu fest andrücken. Am nächsten Tag können Sie die Werre aus der Vase herausholen **[→e]**.

Ein kleiner Trick für den Mist

Wenn der Mist beim Bau nicht gut im Topf hält, weil er zu feucht ist oder Sie anstelle eines Tontopfs nur einen Plastiktopf haben (ein Tontopf kann die Feuchtigkeit besser aufsaugen und hat eine weniger glatte Oberfläche), können Sie sich folgendermaßen behelfen: Stoßen Sie zwei kleine Schraubenzieher am oberen Ende des unteren Drittels von zwei gegenüberliegenden Seiten in den Blumentopf **[→d]**. Die Schraubenzieher halten den Mist und verhindern, dass er auf die Grabvase sinkt. Würde er auf die Grabvase sinken und die Maulwurfsgrille anschließend im Mist scharren, wäre die Falle nicht mehr aktiv, denn die Werre könnte aus der vollen Vase wieder herauskrabbeln. Deshalb muss zwischen der im Boden eingegrabenen Vase und dem darübersitzenden Topf ein Abstand von etwa 2 cm sein, damit die Falle funktionieren kann.

NÜTZLINGE IM GARTEN

Wer frisst wen?

Wilde Ecken und heimische Pflanzen machen aus einem Garten ein Refugium für Nützlinge. Diese helfen, Schädlinge auf natürliche Weise im Gleichgewicht zu halten.

Das Spektrum an Nützlingen im Garten ist breit gefächert. Es reicht von kleinsten Organismen, wie Bakterien und Bodenpilzen, über Regenwürmer, Spinnen, Ameisen, Blüten besuchende Insekten bis hin zu Vögeln und Igeln. Je vielfältiger Ihr Garten ist, desto mehr Nützlingsarten wird er anziehen.

GEGENSPIELER IM BEET

Ein wichtiger Schritt zur Ansiedlung von nützlichen Insekten im eigenen Garten ist es, abwechslungsreiche und blühende Pflanzen anzupflanzen. Je mehr davon Sie in Ihrem Garten kultivieren, desto mehr Nützlinge werden sich ansiedeln. Zu ihnen zählen z. B. Schwebfliegen, Gallmücken, Florfliegen und Schlupfwespen.
Schlupfwespen sind beispielsweise die natürlichen Gegenspieler der Weißen Fliege, die die Blätter von Pflanzen befällt und der Hauptschädling unter Glas ist. Florfliegen sind wichtige Helfer im Einsatz gegen die Rote Spinne, einem Schädling, der an Obstbäumen, Johannisbeeren und Stachelbeeren sowie oft auch in Gewächshauskulturen Schaden anrichtet. Weitere natürliche Gegenspieler der Roten Spinne sind Raubmilben, Raubwanzen sowie Marienkäfer.
Sie können einzelne Blühpflanzen direkt ins Gemüsebeet oder an die Ränder setzen. Achten Sie bei der Pflanzenwahl darauf, dass Sie möglichst einheimische Arten pflanzen, die zu unterschiedlichen Zeitpunkten im Jahr blühen. Zudem sollten Sie Sorten mit gefüllten Blüten vermeiden.

Larven gegen Läuse

Die allseits beliebten Marienkäfer gelten als große Läusevertilger (siehe Abbildung). Sie selbst fressen jedoch einen Bruchteil dessen, was ihre Larven vertilgen können. Diese sind in der Lage, ein Vielfaches ihres Lebendgewichts zu verspeisen.
Die unterschiedlichen Marienkäferarten sind allesamt Nützlinge und halten neben Blattläusen auch Schildläuse, Spinnmilben und Mehltaupilze in Schach. Marienkäfer überwintern gerne unter einer Laubdecke und dicken Grasschichten.

UNTERSCHLUPF BIETEN

Laub-, Reisig- und Totholzhaufen bieten Rückzugsräume für Tiere, wie Igel und Mauswiesel. Besonders Mauswiesel sind wichtige Gegenspieler von Feld- und Wühlmäusen. Igel sind ideale Helfer bei Schnecken. Sie vertilgen eine Vielzahl davon. Steinhaufen bieten Unterschlupf für Eidechsen, Blindschleichen und andere nützliche Kriechtiere. Eidechsen vertilgen ebenfalls u. a. Schnecken und bevorzugen Steinhaufen, die in der Sonne liegen. Unter Laub, Steinen oder Holzstücken versteckt sich tagsüber die Erdkröte, die sich in Gärten mit Teichen ansiedelt. Sie ist ebenfalls ein Helfer bei Schnecken, die sie nachts jagt.
Naturnahe Hecken aus verschiedenen heimischen Laub- und Blütengehölzen, wie Hain- und Rot-Buche, Liguster, Weißdorn, Feld-Ahorn und Buchsbaum, sind ebenfalls wunderbare Rückzugsgebiete für die unterschiedlichsten Nützlinge im Garten. Außerdem entsteht durch Hecken ein schützendes Kleinklima.
Lassen Sie im Herbst die Stiele und Stängel der verblühten Pflanzen stehen. Dort überwintern sehr viele nützliche Insekten, sie legen ihre Eier darin ab oder finden dort Nahrung. Im Winter können Sie dann an den Stängeln wunderschöne Raureifgebilde sehen und Vögel beobachten, die dort durch die Sämereien auch in der kalten Jahreszeit genügend Futter finden. Lassen Sie vor allem auch Brennnesselstiele stehen. Sie sind Wohnquartier bzw. Futterpflanze für eine Vielzahl von Nützlingen, vor allem für Schmetterlinge. Lassen Sie im Herbst bis zum Beginn des Austriebes im Frühjahr eine bodenbedeckende Schicht, z. B. aus Laub, unter Hecken, auf Rest- oder Randflächen und auf Staudenbeeten stehen. Hier können viele Tiere überwintern.

VÖGEL IM EINSATZ

Vögel sind wunderbare Helfer im Biogarten. Ein Spatzenpaar vernichtet beispielsweise pro Sommer die Menge eines Eimers voller Schädlinge. Ebenso sind Meisen große Schädlingsvernichter, sie sind nicht zu unterschätzende Helfer im Einsatz gegen Läuse. Da Meisen Höhlenbrüter sind, können Sie diese Vogelart wunderbar mit Nistkästen in Ihrem Garten ansiedeln (Nistkästen sollten im Spätherbst nach der Brut oder im Winter regelmäßig gesäubert werden). Alte, morsche oder abgestorbene Bäume sind ebenfalls wichtige Quartiere für Höhlenbrüter, wie Spechte, Eulen, Kleiber und Baumläufer. (Fledermäuse zählen zwar nicht zu den Vögeln, aber auch sie fühlen sich im Sommer tagsüber in Nischen und Höhlen abgestorbener Bäume wohl. Die Insektenjäger sind wertvolle Helfer im Biogarten und sollten daher nicht unerwähnt bleiben.)

SIEDELN SIE SOLITÄRWESPEN IN IHREM GARTEN AN, **indem Sie ihnen Nisthölzer und Insektenhäuser als Quartier und Brutplatz zur Verfügung stellen (siehe S. 125).**

[1.]

[2.]

[3.]

[4.]

SCHÄDLINGE

Mitesser im Gartenbeet

Blattläuse, Raupen, Schnecken und Fliegen sind ungebetene Gäste im Gartenbeet. Sie zu erkennen, hilft uns die unliebsamen Mitesser frühzeitig zu bekämpfen.

KARTOFFELKÄFER [1.]

Aussehen: Gelblich rot mit schwarzen Streifen und Flecken, ca. 8 bis 15 mm groß.
Vorkommen: Auf vielen Nachtschattengewächsen (Aubergine, Tomaten), schwerpunktmäßig aber Kartoffeln.
Pflanzenschäden: Rascher Loch- bis Kahlfraß mit letaler Wirkung für ganze Flächen! Besonders die Larven sind sehr gefräßig.
Vorbeugen: Schwierig! Resistente Sorten helfen, verhindern aber einen Befall nur selten. Insektenschutznetze verwenden.
Bekämpfen: Regelmäßiges Absammeln (auch die rötlichen Larven und Eigelege, siehe Abbildung).

ERDFLOH [2.]

Aussehen: Sehr bewegliche, dunkle Käfer; etwa 4 mm groß.
Vorkommen: Sehr oft an Radieschen, Kohlarten und anderen Lippenblütlern; bei trockenem Wetter häufiger.
Pflanzenschäden: Zahllose rundliche Blattlöcher (Fensterfraß) mit oft letaler Wirkung bei Jungpflanzen.
Vorbeugen: Wasserdurstige Mischkulturen.
Bekämpfen: Regelmäßig gießen, hacken, mulchen, um genügend Feuchtigkeit zu binden. Insektenschutznetze verwenden.
Tipp: Lockeres Überstreichen mit einem Besen lässt bereits viele Flöhe von den Blattoberseiten verschwinden.

WEISSE FLIEGE [3.]

Aussehen: Etwa 1 bis 2 mm groß und durch Wachsstaub schneeweiß überzogen. Beflügelt. Auch als Mottenschildlaus bezeichnet. (Kohlpflanzen).
Vorkommen: Vor allem bei Paprika, Tomaten und Gurken. Zudem oft bei Basilikum und Grünkohl.
Pflanzenschäden: Saftentzug und Verschmutzung durch klebrigen Kot. Vergilbte Blätter.
Vorbeugen: Richtigen Standort wählen, wärmeliebende Pflanzen stetig kontrollieren. Nützlinge fördern.
Bekämpfen: Luftige Plätze wählen, für niedrige Luftfeuchtigkeit sorgen, Öle als Spritzmittel oder Sprays.

LAUCHMOTTE [4.]

Aussehen: Die Raupen sind gelblich grün mit schwarzen Punkten und braunem Kopf; ausgewachsen etwa 1, 2 cm lang.
Vorkommen: Zwiebeln, Lauch / Porree, Schnittlauch, Knoblauch
Pflanzenschäden: Fraßgänge in den Blättern: vertrocknete Blattspitzen, Lochfraß. Verlust an Blattmasse und Vitalität.
Vorbeugen: Größtmögliche Abstände zu Vorjahrsflächen mit Gemüse aus der Pflanzenfamilie der Zwiebelgewächse einhalten.
Bekämpfen: Nützlinge, speziell Schlupfwespen. Insektenschutznetze verwenden.

Tipp: Anbau gefährdeter Gemüsearten möglichst zusammen in Mischkulturen und in überschaubaren Mengen.

BLATTLÄUSE [5.]

Aussehen: Pflanzensaugende Insekten von wenigen Millimetern Größe (maximal 7 mm). Es gibt ungeflügelte als auch beflügelte Arten.
Vorkommen: Vor allem auf aromatischen Pflanzen wie Bohnenkraut, Kapuzinerkresse, Lavendel usw.
Pflanzenschäden: Nährstoffentzug durch Aussaugen. Befallene Blätter kräuseln sich, schwellen blasig an oder rollen sich ein. Blattläuse hinterlassen klebrige Ausscheidungen (Honigtau).
Vorbeugen: Förderung und Einsatz von Nützlingen (Florfliege, Marienkäfer).
Bekämpfen: Befallene Blätter mit Brennnesselauszug, Seifenlauge oder Wasser abspritzen.

MINIERMOTTE [6.]

Aussehen: Je nach Art verschieden gefärbte Larven, später Raupen.
Vorkommen: Vielzahl von Arten mit jeweils nur einem spezifischen Wirt. Im Obst- und Gemüsegarten vor allem bei Apfel- und Kirschbäumen vorkommend (Obstbaum-Miniermotte). Ausschließlich in den Blättern.
Pflanzenschäden: Absterben der Blätter führt zu erheblicher Schwächung befallener Pflanzen, die oft letal sein kann.
Vorbeugen: Nützlinge wie Schlupfwespe, Fledermaus und Raupenfliege fördern, resistente Sorten wählen.
Bekämpfen: Laub komplett entfernen und verbrennen; unterhalb der Bäume darf sich kein befallenes Blatt mehr befinden!

RAUPEN [7.]

Aussehen: Markante, sehr bewegliche und gut sichtbare Vorstadien späterer Schmetterlingsarten.
Vorkommen: Einnistung von Raupen direkt auf den Blättern bzw. in den Früchten (Apfel). Kernobst.
Pflanzenschäden: Blattrandfraß, Lochfraß, teilweise auch Kahlfraß (bis auf die Blattrippen); Bohrlöcher im Apfel durch den Apfelwickler. Unreife, madenhaltige Früchte.
Vorbeugen: Mischkulturen, Leimringe gegen den Frostspanner, Wellpappenringe gegen den Apfelwickler.
Bekämpfen: Regelmäßiges Absammeln. Bewährt haben sich Präparate aus *Bacillus thuringiensis.*
Tipp: Nützlinge (Ohrwürmer, Wanzen, Schlupfwespen) verdrängen mit der Zeit schädliche Raupen.

NACKTSCHNECKE [8.]

Aussehen: Allgemein aus Kopf, Fuß, Eingeweidesack und Mantel bestehend. Kriechende Fortbewegung mit charakteristischer Schleimspur.
Vorkommen: Besonders an jungen Pflanzen und zartem Austrieb bei feuchter Witterung.
Pflanzenschäden: Loch- und Kahlfraß, zudem glänzende Schleimspuren mit teils letaler Wirkung.
Vorbeugen: Frühmorgens gießen, Nützlinge (Igel, Kröten, Spitzmäuse) fördern, Schneckenzäune aufstellen, für luftigen Boden sorgen. Gute Humuswirtschaft, Hornkiesel-Präparat ausbringen.
Bekämpfen: Regelmäßiges Absammeln.
Tipp: Ein Pflanzenring aus Bohnenkraut und Kamille ist ein wirkungsvoller und duftender Schutz vor Schneckenfraß.

WEITERE SCHÄDLINGE AN GARTENPFLANZEN: Spinnmilben (rote Spinnentiere an Blattunterseiten von Obst, Blumen, Gemüse), Schildläuse (gut bekämpfbar mit Nützlingen wie Marienkäfer und Schlupfwespen), Gallmilben (verursachen missgestaltete Knospen an Johannisbeeren sowie nicht ausreifende Teilfrüchte an Himbeeren, Brombeeren, Birne, Reben).

[5.]

[6.]

[7.]

[8.]

[1.]

[2.]

[3.]

KRANKHEITEN

Was Pflanzen schwach macht

Gartenpflanzen können von unterschiedlichsten bakteriosen und virosen Krankheiten befallen werden. Wer sie frühzeitig erkennt, kann ihnen wirkungsvoll entgegentreten.

PFIRSICHKRÄUSELKRANKHEIT [1.]

Aussehen: Die von einem Schlauchpilz verursachte Krankheit führt zu gekräuselten, verfärbten Blättern.
Vorkommen: Überwiegend an den Blättern von Pfirsichbäumen, aber auch anderem Steinobst. Durch feuchte Witterung begünstigt.
Pflanzenschäden: Austreibende junge Blätter quellen blasenförmig auf, kräuseln sich und verfärben sich weißlich grün bis karminrot.
Vorbeugen: Häufiger Auslichtungsschnitt im Kronenbereich, um gute Luftzirkulation zu ermöglichen.
Bekämpfen: Befallene Blätter frühzeitig entfernen und entsorgen (nicht auf den Kompost, da Neubefall droht).

ECHTER MEHLTAU [2.]

Aussehen: Lockeres, weißliches Pilzgeflecht auf der Oberseite der Blätter sowie Knospen.
Vorkommen: Karotten, Gurken, Äpfel und Stachelbeeren, Rosen. Vor allem bei hohen Temperaturschwankungen, wenn es tagsüber warm und feucht ist, auftretend.
Pflanzenschäden: Nährstoffentzug durch Heraussaugen führt zu Schwächung der Pflanzen.
Vorbeugen: Widerstandsfähige Sorten wählen, auf Standort achten.
Bekämpfen: Rückschnitt bzw. Entfernung befallener Triebe / Blätter, Schwefelpräparate helfen bei flächigem Befall.

RÜBENROST [3.]

Aussehen: Winzige, rötlich braune Pusteln auf den Blättern und von Aufhellungen umgeben.
Vorkommen: An Blättern von Rübenarten, in Gebieten mit hoher Luftfeuchte.
Pflanzenschäden: Bei starkem Befall (eher selten) verbräunen die Blätter und können schließlich absterben / abfallen.
Bekämpfen: Befallene Blätter entfernen und entsorgen.

KRAUT- UND BRAUNFÄULE [4.] UND [5.]

Aussehen: Zunächst grau-grüne, ölige, später bräunliche, rasch um sich greifende Flecken auf befallenen Blättern [→4]. Früchte sind fleckig, grau-grün bis braun gefärbt [→5].
Vorkommen: Tomaten (Blätter und Früchte)
Vorbeugen: Tomaten nah am Stamm gießen und für dreiseitigen Wetterschutz sorgen (keine Plastiktüten!).
Bekämpfen: Blätter ablösen und entsorgen, gezielt düngen. Schachtelhalm-Brühe im Mai spritzen.

SEPTORIA [6.]

Aussehen: Parasitisch lebender Schlauchpilz, der verschiedenfarbige Nekrosen verursacht.
Vorkommen: Vornehmlich auf den Blättern betroffener Pflanzen.
Pflanzenschäden: Nekrosen mindern die Blattsubstanz (lassen Blätter vertrocknen) und damit die Leistungsfähigkeit.
Vorbeugen: Tritt vornehmlich bei feuchter Witterung auf, daher die Pflanzen möglichst vor Niederschlag schützen.
Bekämpfen: Befallene Blätter entfernen und entsorgen (verbrennen).

BOTRYTIS

Aussehen: Die Grauschimmelfäule ist ein weit verbreiteter Fäulepilz mit einem gräulich bräunlichen Myzel.
Vorkommen: Oft bei Erdbeeren und im Weinbau. Vor allem bei schwül-feuchter bzw. nasser Witterung und Temperaturen um 15 bis 20 °C.
Pflanzenschäden: Der Parasit zerstört im Verlauf die befallenen Pflanzenteile (Früchte, Blätter, Triebe).
Vorbeugen: Lockere, luftige Pflanzung.
Bekämpfen: Befallenes sofort entfernen und entsorgen. Schachtelhalm-Brühe, Brennesselauszug.
Tipp: Stroh zwischen aufgeblühten Erdbeerpflanzen ist ein guter Feuchtigkeitsfänger.

MONILIA

Aussehen: Auch als Fruchtfäule / Spitzendürre (zwei verschiedene Formen!) bekannt. Weißlich bis bräunlicher Pilzrasen mit markanten Pusteln. Oft kreisförmig angeordnet.
Vorkommen: Vor allem an Stein- und Kernobstgehölzen, direkt nach der Blüte.
Pflanzenschäden: Blätter können absterben und Früchte können komplett verfaulen (Totalfäule).
Vorbeugen: Regelmäßiger Auslichtungsschnitt, sonnige, luftige Standorte wählen.
Bekämpfen: Befallenes entfernen und entsorgen. Rückschnitt bis ins gesunde Holz.

SCHORF

Aussehen: Warzenartige Wucherungen, Verformungen und Risse an den Früchten / Knollen.
Vorkommen: Als Pilz häufig an Rüben, Kartoffeln, Radieschen, Möhren, Rettich. Als Bakterienkrankheit auch oft an Obstgehölzen. Dringt über die Pflanzenwurzeln ein.
Pflanzenschäden: Unreife und Absterben von Früchten. Im schlimmsten Fall kann auch die Wurzel infiziert werden (Wurzelfäule), was zum Absterben ganzer Pflanzen führt.
Vorbeugen: Staunässe vermeiden und Pflanzen locker und luftig stellen. Sauerstoffreiche Böden mit pH-Werten über 5,5. Weite Fruchtfolgen.
Bekämpfen: Befallene Pflanzen restlos entfernen.
Tipp: Es gibt einige schorfresistente Apfelsorten, z. B. 'Retina' und 'Topas'.

FALSCHER MEHLTAU

Aussehen: Aufgehellte Blattoberseiten, gräulich weißer Pilzteppich auf den Blattunterseiten.
Vorkommen: Recht zahlreich, vor allem bei Salaten, Rettich, Spinat und Kohl.
Pflanzenschäden: Nährstoffentzug, Blattwelke.
Vorbeugen: Auf ausreichenden Pflanzabstand achten, widerstandsfähige Sorten wählen.
Bekämpfen: Rückschnitt bzw. Entfernung befallener Triebe / Blätter, Kupferpräparate helfen bei flächigem Befall.
Tipp: Gefährdete Pflanzen nicht überbrausen, sondern nur wässern (morgens, mittags).

[4.]

[5.]

[6.]

BIENEN

Bedeutende Gemeinschaften

WILD- UND HONIGBIENEN SIND HILFREICH FÜR DAS NAHRUNGSNETZ. DURCH DIE BESTÄUBUNG UNZÄHLIGER BLÜTEN, TRAGEN SIE ZUR SICHERUNG UNSERER NAHRUNGSMITTEL BEI. DAHER SOLLTEN WIR DIESE FASZINIERENDEN INSEKTEN AUCH IN UNSEREN GARTEN HOLEN, UM SIE BEI IHRER TÄGLICHEN ARBEIT ZU UNTERSTÜTZEN.

[a]

DAS IST *wirklich* WICHTIG

[a] GUT TROCKENE PFLANZENHALME bieten Wildbienen ein Zuhause.

[b] HOLZPFLÖCKE mit unterschiedlich breiten und langen Vertiefungen werden aus Harthölzern gewonnen.

[c] EIN HAUS bietet den richtigen Rahmen für die unterschiedlichen Nistmöglichkeiten.

[b]

[c]

INSEKTENHOTELS

für Wildbienen

Um die bedrohten Wildbienen im eigenen Garten zu schützen und zu fördern, können wir ihnen Nisthilfen zur Verfügung stellen. Sie werden es uns mit der Bestäubung unserer Gartenpflanzen danken.

NATÜRLICHER LEBENSRAUM

Unter dem Begriff Wildbiene versteht man wild lebende Bienen. Die Honigbienen zählen zu den Nutztieren, da sie vom Menschen für die Honig- und Bienenwachsgewinnung domestiziert wurden und in Mitteleuropa nicht mehr wild vorkommen. Man bezeichnet Wildbienen auch als Solitärbienen, da die meisten nicht, wie die Honigbienen, in einem großen Bienenstaat leben.

Wildbienen bewohnen normalerweise z. B. offene, sandige und gut besonnte Bodenstellen, sie nisten in Totholz, hohlen Pflanzenstängeln, Fels- und Mauerspalten oder leeren Schneckenhäusern. In diesen natürlichen Hohlräumen legen die einzelnen Wildbienenweibchen Brutzellen an und versorgen darin die Larven mit Pollen und Nektar. Die meisten Wildbienenmütter sterben vor dem Winter, nur die Nachkommen überdauern als Larve oder Puppe ohne Nahrungszufuhr.

UNTERSCHLÜPFE IN PFLANZENSTÄNGELN

Verschiedenen Wildbienenarten können wir mit Pflanzenstängeln ein Zuhause bieten. Als Material eignen sich hohle oder markhaltige Stängel von Brombeere und Himbeere, Holunder, Schmetterlingsflieder, Distel, Hundsrose und Königskerze.

Ernten Sie im Herbst dicke Stängel von den Pflanzen (zwischen 2 bis 10 mm Durchmesser) und entfernen Sie Blätter, Seitentriebe und Blütenstände. Man lässt sie über Winter gut trocknen, damit sich später keine Schimmel bilden.

Ab Mitte März können Sie die ca. 10 cm langen Stängel mit einer reißfesten Schnur oder etwas Draht bündeln und waagerecht oder leicht geneigt im Freien aufhängen [→a]. Immer gut befestigen, damit die Nisthilfe nicht baumelt. Sie können die Stängel auch in Backsteine, Plastikrohre oder Konservendosen stecken (zum Fixieren vorher eine Lehmschicht einfüllen!).

Achten Sie darauf, dass die Nisthilfe an einem möglichst sonnigen, regen- und windgeschützten Standort angebracht wird, und belassen Sie Ihre Nisthilfen jahrelang ungestört am gleichen Platz im Freien.

UNTERSCHLÜPFE IN HOLZKLÖTZEN

Als Material benötigt man: gut trockenes Hartholz wie Eiche, Buche, Ahorn oder Kirsche in beliebiger Form und Größe. Empfehlenswert sind Holzblöcke mit 30 cm Länge und einem Durchmesser ab 20 cm.

Bohren Sie in die Holzblöcke Löcher mit unterschiedlicher Tiefe (5 bis 10 cm) und variablem Durchmesser (2 bis 10 mm) [→b]. Bei breiteren Löchern ab 4 mm Durchmesser sollte der Abstand zwischen den Löchern mindestens 2 cm betragen. Nach dem Bohren werden die Löcher durch Ausklopfen vom Sägemehl befreit.

Die fertigen Unterschlüpfe können je nach Größe auf dem Balkon, der Terrasse oder im Garten aufgestellt werden. Auch hier gilt: Die Nisthilfe an einem möglichst sonnigen, regen- und windgeschützten Standort anbringen.

EIN HAUS FÜR ALLE

Sie können die verschiedenen Unterschlüpfe für die diversen Wildbienenarten einzeln aufhängen bzw. aufstellen oder aber ein kleines Häuschen bauen, in das Sie die Nisthilfen hineinlegen [→c]. Es empfiehlt sich ein Haus, das nur nach vorne offen ist und durch ein überstehendes Dach geschützt wird. Die Größe ist variabel und richtet sich nach den einzelnen Unterschlüpfen.

FASZINATION IMKERN

Honigbienen für den Garten

Bienen leisten die unverzichtbare Aufgabe, viele unserer Pflanzen zu bestäuben. In Haus- und Dachgärten können wir dazu beitragen, die stark gefährdeten Insekten zu schützen und zu fördern.

Durch die Veränderung unserer Kulturlandschaft, die Zerstörung von Lebensräumen und Befall von Milben geht die Anzahl der Bienenvölker weltweit immer mehr zurück. Doch ohne Bienen keine Nahrung für die Menschen, denn Bienen bestäuben etwa ein Drittel unserer Nahrungspflanzen. Also warum nicht zum Helfer für die Bienen werden? Zumal die Imkerei ein schönes und bereicherndes Hobby ist – bei dem am Ende sogar eine süße Belohnung wartet.

IMKERN IN DER STADT

Deshalb ist es nicht verwunderlich, dass die Sehnsucht nach Natur auch inmitten der Stadt immer größer wird und so die Imkerei dort eine Renaissance erfährt. Mittlerweile gibt es in vielen Großstädten der Welt, wie Berlin, London, Paris, New York, Brüssel, eine florierende Bienenkultur. Und die städtische Imkergemeinde wächst stetig. Es gibt auch im Internet zahlreiche Blogs, Foren und Seiten, die über das Stadtimkern informieren. Ihren Anteil daran hat sicherlich die weitverbreitete und friedliche Zuchtrasse, die im Vergleich zu alten Landrassen weniger sticht. Mit dem Nachteil, dass sie anfälliger für Krankheiten und Schädlinge ist.

SELBST IMKERN

Imkerei ist ein Handwerk, für das Fachwissen benötigt wird, auch wenn es nur als Hobby betrieben wird. Das nötige Fachwissen kann auf vielfältige Weise beschafft werden. Das Sinnvollste ist es jedoch, sich an einen erfahrenen Imker zu wenden und diesem über die Schulter zu schauen.
Am besten ist es, sich an einen örtlichen Imkereiverein zu wenden. Dort wird man Sie gerne beraten. Folgend haben wir Ihnen eine kleine Checkliste zusammengestellt, die für Bieneninteressierte hilfreich sein kann.

Gut zu wissen

- Bienenerwerb: Honigbienen müssen Sie, im Gegensatz zu den vielfältigen Wildbienenarten, bei einem Imker käuflich erwerben. Oder Sie haben das große Glück und in Ihrem Garten lässt sich ein Bienenschwarm nach seinem Begattungsflug nieder. Diesen dürfen Sie getrost einfangen und Ihr Eigen nennen.
  Für den Einstieg sind zu Beginn zwei bis fünf Bienenvölker völlig ausreichend.
- Standort: Die Bienen benötigen einen geeigneten Platz, in dessen Umkreis sie sich gut mit Pollen, Nektar und Wasser versorgen können. Er sollte sonnig und nicht zu stark belebt sein und Raum zum Versorgen der Bienen bieten.
- Behausung: Jedes Bienenvolk braucht eine Behausung, in die es seine Waben bauen kann. Hierbei sind die Haustierrassen auf die Hilfe von Bienenfreunden angewiesen. Am gebräuchlichsten ist heute ein rechteckiger Rahmen aus Holz. In diese Holzrahmen können die Bienen dann ihre Waben bauen. Bei biologischer Bienenhaltung dürfen die „Nutztiere“ die Waben im Rahmen selbst bauen. Sie sind hierbei nicht auf den Menschen angewiesen, daher braucht und sollte der Imker keine künstlichen Waben zur Verfügung stellen.
  Durch „Schwitzen“ erzeugen die Bienen ihr Wachs für den Wabenbau selbst. In den Waben werden Honig und Pollen eingelagert und findet die Eiablage und Aufzucht neuer Bienen statt. Daher sollten wir nicht in diesen natürlichen Kreislauf eingreifen.
- Honigernte: Es lohnt nicht, sich für ein oder zwei Völker eine eigene Honigschleuder anzuschaffen, diese kann man eventuell beim Imkerpaten (Vereine!) mitbenutzen. Neben der Bienenbehausung ist sie die teuerste Anschaffung für das Hobby.
- Arbeitsmittel: Bienenbehausung, entsprechende Schutzkleidung.
- Zeit: Die Hauptarbeit fällt im Frühling und Herbst an.

DAS IST *wirklich* WICHTIG

[a] VIELFÄLTIGE BLUMENMISCHUNGEN werden im Handel angeboten. Auch selbst gesammelte Samen lassen sich dafür gut zusammenmischen.

[b] DIE AUSSAAT erfolgt in der Regel breitwürfig.

[c] DIE SAMENMISCHUNG wird durch leichtes Öffnen der Hand auf das Beet breit verteilt.

[d] DAS EINARBEITEN des Samens erfolgt in die obersten 1 bis 2 cm des Bodens. Ist die Mischung erblüht, kann selbst wieder Samen genommen werden.

BLUMENWEIDEN

für Bienen und Co.

Möchten wir die Bienen neben dem Bau von Nisthilfen aktiv bei der Nahrungssuche unterstützen, sollten wir dafür sorgen, immer ausreichend blühende Pflanzen im Garten zu haben.

Damit Bienen und andere Insekten, insbesondere in einem sehr von Nutzpflanzen geprägten Garten, genug Nektar und Pollen finden, sollten wir ihnen auch Nahrungspflanzen bieten. Hierzu können Sie beispielsweise einzelne Blühpflanzen direkt in die Gemüsebeete setzen.

BLÜHENDER RAHMEN

Sehr hübsch sieht es auch aus, wenn wir an den Rändern unserer Gemüsebeete die blühenden Nahrungspflanzen aussäen.
Achten Sie bei der Pflanzenwahl darauf, dass Sie möglichst einheimische Arten pflanzen, die zu unterschiedlichen Zeitpunkten im Jahr blühen. Dazu zählen Zwiebelblumen, frühblühende Stauden (z. B. Steinkraut) und Sträucher (z. B. Haselnuss) sowie die noch spät im Jahr blühenden Astern und Anemonen. So können die Nektar saugenden Nützlinge ein lang anhaltendes Nahrungsangebot nutzen.
Verwenden Sie überwiegend nicht gefüllt blühende Pflanzensorten. Nur sie können als Nahrungsquelle dienen. Bei den gefüllten Blüten wurden die Staubgefäße zu Blütenblättern umgewandelt bzw. umgezüchtet, sodass sie meist weder Pollen noch Nektar tragen.
Vor allem Pflanzen aus der Familie der Korbblütler *(Asteraceae)* und der Doldenblütler *(Apiaceae)* sind Insektenweiden. Zu den Korbblütlern zählen z. B. Ringelblume (ungefüllt!), Gänseblümchen, Margerite, Schafgarbe, Kornblume und Sonnenblume. Zur Familie der Doldenblütler gehören die Wilde Möhre sowie viele Gewürz- und Nahrungspflanzen, z. B. Kerbel, Dill, Liebstöckel, Petersilie, Koriander und Fenchel. Die Gemüsepflanzen Karotten, Pastinaken und Sellerie sind in der Blüte ebenfalls sehr gute Insektenweiden. Da sie aber erst im zweiten Kulturjahr blühen, müssen sie über Winter stehen bleiben oder als Samenträger im zeitigen Frühjahr wieder ins Freie gepflanzt werden. Lassen Sie deshalb für Ihre Nektar saugenden Nützlinge, wenn immer möglich, einzelne Exemplare zur Blüte kommen.
Im Handel gibt es auch biologisches Saatgut zu erwerben, das alle Anforderungen an eine gute Bienenweide erfüllt. Sie kann im späten Frühjahr in gut vorbereiteten Boden ausgesät werden.

BLUMENINSELN AUF RASENFLÄCHEN

Wenn Sie eine größere Rasenfläche im Garten haben, lassen Sie Blumeninseln mit Gänseblümchen, Margeriten usw. stehen. Mit der Zeit gesellen sich vielleicht noch andere blühende Pflanzen, wie der wunderschön blühende Wiesen-Salbei, hinzu. Diese Inseln sind nicht nur eine Augenweide, sondern Sie erhöhen damit gleichzeitig den Anteil der blühenden Pflanzen in Ihrem Garten und somit die Insektennahrung.

[1.]

[2.]

[3.]

FUTTERBLUMEN
für Insekten

Mit der Aussaat von bunten Blumen versorgen wir Bienen und viele andere Insekten rund ums Jahr mit Nahrung. Dafür tragen sie zur Sicherung unserer eigenen Lebensmittel bei.

MOSCHUS-MALVE [1.]

Malva moschata
Pflanzenfamilie: Malvengewächse
Aussehen: 20 bis 80 cm hoch werdende Staude.
Blüte: Hellrosa bis weiß. Blüten duften schwach nach Moschus.
Blütezeit: Juni bis Oktober
Aussaat: Ab April im Freiland.
Nutzen: Insekten- und Bienenweide.

SONNENBLUME [2.]

Helianthus annuus
Pflanzenfamilie: Korbblütler
Aussehen: Einjährige Pflanze, die bis zu 2 m hoch wird. Kleine Sorten wie 'Sunspot' auch für Töpfe und Kübel geeignet (Höhe 40 bis 50 cm). Bildet bis zu 2 m tiefe Wurzeln.
Blüte: Leuchtende, große Blütenköpfe mit grüner bis brauner Mitte und großen gelben Blütenblättern. Die Blütenblätter richten sich nach dem Sonnenlicht (Heliotropismus).
Blütezeit: Juli bis Oktober
Aussaat: Direktsaat April bis Anfang Juli. Für Gründüngung Aussaat bis Ende August, dann über Winter stehen lassen. Samt sich leicht selbst aus.
Nutzen: Nektarlieferant für Nützlinge, Nahrung für Vögel (Samen).

INKARNATKLEE [3.]

Trifolium incarnatum
Pflanzenfamilie: Schmetterlingsblütler
Aussehen: In der Regel einjährige Pflanze, die 20 bis 50 cm hoch wird. Sie ist schnellwüchsig mit weitverbreitetem Wurzelsystem, bildet bis zu 90 cm tiefe Wurzeln. Stickstoffsammler. Sehr gute Gründüngerpflanze.
Blüte: Blütenköpfchen mit leuchtend roten Blüten.
Blütezeit: Juni bis August
Aussaat: März bis September
Nutzen: Wichtige Nahrungsquelle (Trachtpflanze) für Bienen.

RINGELBLUME [4.]

Calendula officinalis
Pflanzenfamilie: Korbblütler
Aussehen: Einjährige Pflanze, die bis zu 60 cm hoch wird. Wichtige Heilpflanze.
Blüte: Orange, teilweise auch gelb. Bitte keine gefüllten Sorten aussäen, da diese nicht genug Nahrung für unsere Insekten bieten.
Blütezeit: Juni bis Oktober
Aussaat: Direktsaat von März bis August. Samt sich im nächsten Jahr wieder leicht selbst aus.
Nutzen: Futterpflanze, insbesondere für Schwebfliegen.

KORNBLUME [5.]

Centaurea

Pflanzenfamilie: Korbblütler
Aussehen: Einjährige Pflanze, die 50 bis 90 cm hoch wird.
Blüte: Meist blaue Blüten. Auch Sorten in Weiß, Rosa, Violett.
Blütezeit: Juni bis September
Aussaat: Direktsaat von März bis Juni. Oder im September für die nächste Gartensaison.
Nutzen: Nektarpflanze, insbesondere auch für Bienen, da die Blüten/Nektar einen sehr hohen Zuckergehalt aufweisen. Futterpflanze für Schmetterlinge.

KLATSCH-MOHN [6.]

Papaver rhoeas

Pflanzenfamilie: Mohngewächse
Aussehen: Ein- bis mehrjährige Pflanze, die bis zu 60 cm hoch wird.
Blüte: Rot
Blütezeit: Mai bis August
Aussaat: Direktsaat von März bis Mai.
Nutzen: Pollenblume, bis zu 2,6 Millionen Pollen pro Blüte. Liefern Eiweiß, Fett, Kohlenhydrate. Als Lock- und Nahrungsmittel für Insekten mit beißenden Mundwerkzeugen, auch für Wildbienenarten. Pflanze bildet viele Samen.

SCHMETTERLINGSFLIEDER

Buddleja davidii

Pflanzenfamilie: Schmetterlingsblütler
Aussehen: Schnell wachsender, aufrechter Strauch. Er wird 2 bis 3 m hoch und breit. Im Frühjahr immer auf Kniehöhe zurückschneiden, damit der Strauch wieder buschig austreibt.
Blüte: Blau, violett, auch weiß.
Blütezeit: Juli bis September
Nutzen: Lockt Insekten an, insbesondere Schmetterlinge. Für Bienen und Hummeln wichtige Nektarquelle.

GEHÖLZE FÜR SCHMETTERLINGE UND IHRE RAUPEN: Liguster (Blütezeit Juni bis September), Schlehe (Blütezeit April bis Mai), Johannisbeere (Blütezeit Mai), Salweide (Blütezeit März bis Mai).

WILDKRÄUTER/WILDSTAUDEN: Färber-Kamille (Blütezeit Juni bis September), Wundklee (Blütezeit Mai bis August), Ochsenauge (Blütezeit Juni bis August), Wiesenschaumkraut (Blütezeit April bis Juni), Wilde Möhre (Blütezeit Juni bis September), Flockenblume (Blütezeit Juni bis September), Hornklee (Mai bis August), Sauerampfer (Mai bis August), Brennnessel (Juni bis September), Königskerze (Juli bis September), Dost (Juli bis September), Nachtkerze (Juni bis September), Wiesenlabkraut (Mai bis September), Habichtskraut (Juni bis September).

POLLEN- UND NEKTARSPENDER IM FRÜHJAHR sind Schneeglöckchen, Krokus, Narzisse, Blaustern.

PFLANZEN FÜR HUMMELN sind Enzian, Rittersporn, Fingerhut, Lupine.

[4.]

[5.]

[6.]

FRÜHLINGSSAISON

im Biogarten

DIE NATUR UNTERLIEGT EINEM JAHRESZEITLICHEN RHYTHMUS. BEI DER GARTENARBEIT KÖNNEN WIR IHN INTENSIV WAHRNEHMEN UND SPÜREN. WENN WIR UNS VON IHM LEITEN LASSEN, BEKOMMEN WIR EIN GEFÜHL DAFÜR, WANN DER GARTEN PFLEGERISCHE AUFMERKSAMKEIT BENÖTIGT. ICH LADE SIE EIN, GEMEINSAM DEN GARTENFRÜHLING ZU BEGINNEN – MIT ALL SEINEN FREUDEN UND AUFGABEN.

[a]

[b]

PFERDEMIST KANN EINEN WARMEN FUSS BIETEN.

DAS IST *wirklich* WICHTIG

[a] ZUERST MUSS die Grasnarbe abgetragen werden.

[b] ANSCHLIESSEND ERFOLGT eine tiefe Lockerung des Bodens. Für ein einfaches Frühbeet kann dann bereits der Holzrahmen auf die Fläche aufgesetzt werden.

[c] VOR DER BEPFLANZUNG ist eine kräftige Gabe reifen Komposts sehr zu empfehlen.

[d] DIE LÜFTUNG, d. h. das Öffnen des Fensters, muss bei Sonne unbedingt regelmäßig erfolgen. Die verschiedenen Einschnitte am Lüftungsholz lassen unterschiedliche Fensterhöhen zu.

[c]

[d]

FRÜHBEET ANLEGEN

Warme Füße für junge Pflänzchen

Ein Frühbeet ist für jeden Garten nützlich. In ihm kann man frühe und kälteempfindliche Jungpflanzen heranziehen. Bereits im Februar können wir hier mit der Gartensaison im Freien beginnen.

Das Frühbeet sollte an einem möglichst sonnigen Standort im Garten aufgebaut werden. Achten Sie beim Aufstellen des schrägen Rahmens darauf, dass die tiefere Seite möglichst nach Süden zeigt. So können die ersten Sonnenstrahlen den Kasten schneller erwärmen, und bereits ab Februar dürfen Radieschen sowie Kresse eingesät werden.

MATERIAL

Wer einen eigenen Frühbeetkasten bauen möchte, besorgt sich als Baumaterial am besten starke Kiefern- oder Fichtenbretter sowie ein Vierkant (vier Stück), das jeweils so weit aus dem Boden herausragt, dass die Bretter daran befestigt werden können.

Der Holzrahmen eines einfachen Frühbeetkastens kann z. B. 150 cm in der Breite, 100 cm in der Länge sowie 35 cm in der Tiefe (vorne) und 50 cm Tiefe (hinten) sein. Die Abmessungen sind jedoch etwas abhängig davon, welche Fensterrahmen/-scheiben Sie zum Abdecken zur Verfügung haben.

Für die Belüftung benötigt man außerdem noch stabile Kanthölzer. Für eine zusätzliche Isolierung in kalten Nächten Noppenfolie, Schilf- oder Strohmatten oder Jute. Als Füllmaterial dient Pferdemist sowie Laub. Den Pferdemist besorgen Sie sich am besten bei einem Biolandwirt.

Im Handel gibt es auch sogenannte Wanderkästen fertig zu kaufen, die überall dort platziert werden, wo sie benötigt werden. Wenn die Temperaturen es erlauben, können die Rahmen dann einfach entfernt werden und die Pflanzen müssen nicht versetzt werden.

IM WINTER KANN DAS FRÜHBEET für die Lagerung von Wurzelgemüse verwendet werden (siehe S. 168). Auch lassen sich Winterkulturen wie Feldsalat darin anbauen und ernten.

WARMES FRÜHBEET PACKEN

Für die Anlage eines traditionellen Frühbeetes wird die vorgesehene Fläche zunächst nach gewünschter Größe abgesteckt und ggf. von der Grasnarbe befreit. Dann wird der Gartenboden etwa 40 cm ausgehoben und mit Pferdemist aufgefüllt (bei Wühlmausgefahr die ausgehobene Grube zusätzlich mit Maschendraht aus dem Handel auslegen). Der Pferdemist muss gut gewässert und gestampft werden, damit die Mikroorganismen aktiv werden können.

Auf die Lage Pferdemist folgt nun eine dünne Schicht Laub von etwa 5 cm Stärke. Die dritte Lage bildet abschließend eine 20 bis 50 cm hohe Schicht mit Gartenerde. Dann muss nochmals angegossen werden.

Geben Sie dem frisch angelegten Frühbeet einige Tage Zeit, damit sich die Verrottungswärme des Pferdemists entfalten kann und Ihre Saat bzw. Ihre Pflänzchen beim Einsetzen sofort einen warmen Fuß bekommen.

PFLEGE

In kalten Nächten sollten Sie Ihr Frühbeet zusätzlich mit einer Abdeckung schützen (siehe Material). Steigen die Außentemperaturen dann langsam an, muss auf tägliches Lüften geachtet werden. Durch das Lüften werden die jungen Pflanzen langsam abgehärtet und ein Hitzestau bei starker Sonneneinstrahlung wird vermieden. Bei zu starker Sonneneinstrahlung sollten die Fensterscheiben mit Jute bedeckt werden, damit die zarten Blätter der Pflanzen nicht von der Sonne verbrannt werden.

IM FRÜHLINGSGARTEN

Gute Unterstützung unserer Pflanzen

Das Frühjahr steht ganz im Zeichen der Aussaat und Pflanzung. Alles beginnt zu wachsen und zu gedeihen. Mit guter Pflege und Gartenvorbereitung können wir unsere Nutz- und Zierpflanzen beim Start in die neue Vegetationsperiode unterstützen.

Ende Februar/Anfang März können wir uns auf die neue Gartensaison freuen. Es geht wieder los mit der Bodenvorbereitung, dem Aussäen, dem Anpflanzen. Es gibt viel für uns Gärtner im Frühlingsgarten zu tun, um unseren Pflanzen eine gute Startgrundlage für die neue Vegetationsperiode zu bieten. Auf dieser Doppelseite bieten wir Ihnen einen kompakten Überblick, was wann im Frühlingsgarten zu tun ist.

ALLGEMEINE ARBEITEN

- Die wichtigste Grundregel im Frühjahr lautet: Immer zuerst auf den Boden schauen, damit der Boden ausreichend abgetrocknet ist. Wird dies nicht beachtet, kann sich der Boden davon in der restlichen Vegetationsperiode nicht mehr erholen.
- Zum Humusaufbau muss im Frühjahr ausreichend Kompost ausgebracht und leicht eingearbeitet werden.
- Gründüngung Schritt für Schritt untergraben und abräumen, damit in den belebten Boden neue Kulturen ausgesät werden können, siehe S. 89.
- Beikrautmaßnahmen: Auf keimende Beikräuter achten und bereits im Jugendstadium jäten. Ebenso auf leeren Flächen immer wieder einmal eine flache Hackenbearbeitung durchführen, um auch dort keimendes Unkraut zu stören, siehe S. 99. Auf größeren Beetflächen kann auch das Ausbringen von Mulchvliesen (im Handel erhältlich) nützlich sein. Diese werden nach einer gründlichen Bodenbearbeitung über das Beet gespannt (mit Sandsäcken, Steinen, Erde o. Ä. gut befestigen), in entsprechendem Abstand durch einen Kreuzschlitz aufgeschnitten und mit Jungpflanzen bepflanzt. Das Vlies unterdrückt das Aufkeimen der Unkräuter, sodass die Jungpflanzen beim Heranwachsen nicht in Konkurrenz mit Wasser und Nährstoffen stehen.
- Schneckenecken im Garten kennen: Wo besteht Gefahr, wo keine? Beete immer (besonders in Regenzeiten) nach Schnecken absuchen und absammeln.
- Pflanzenstärkungsmittel ausbringen, siehe S. 113.
- Für eine gute Mulchwirtschaft sorgen und bodennahe Kulturen (wie Kartoffeln, Rosen) anhäufeln, siehe S. 105.
- Bodenprobe durchführen, um etwaige Nährstoffmängel auszugleichen und entsprechende Maßnahmen der Bodenverbesserung (Kompost, Gründünger, Jauchen) durchzuführen.

GEMÜSEGARTEN

- Kulturspezifische Bodenbearbeitung: Bei Wurzelgemüsen eine nicht wendende, tiefe Bodenbearbeitung durchführen, siehe S. 51 und 99.
- Winterkulturen ab Mai aussäen (Feldsalat, Chicorée, Grünkohl, Spinat, Pastinake), nach Johanni (24. Juni) kommen die Winterkulturen Chinakohl und Zuckerhut ins Beet. Für die Chicorée-Treiberei im Winter bei den Pflanzen auf einen ausreichenden Reihenabstand von 30 cm achten. Die Aussaat in der Reihe muss sehr dünn erfolgen.
- Wärmeliebende Gemüse wie Paprika, Tomaten, Auberginen und Gurken im Haus vorziehen und Ende des Frühjahrs in Frühbeetkästen auspflanzen.
- Kulturschutznetze gegen Schädlinge ausbringen: z. B. Vlies bei Kohlgewächsen gegen den Erdfloh. Dieser wird aktiv, sobald es ein wenig warm wird.
- Rhabarber kann zur Verfrühung in rauen Lagen mit einem Eimer überstülpt werden.

OBSTGARTEN

- Im zeitigen Frühjahr werden die Obstbäume geschnitten.
- Pfähle und Baumbänder bei Jungbäumen überprüfen, ob sie einschneiden.
- Frühjahrspflanzung bei Obstbäumen noch möglich.
- Bekämpfung von Blutläusen mit Rainfarn-Brühe (400 g frische Rainfarnblätter in 10 l Wasser 24 Stunden einweichen, absieben und im Verhältnis 1 : 10 auftragen, siehe auch Herstellung Brühen Seite 111 f.).
- Beerenpflege: Himbeeren anbinden und schwache Ruten entfernen.
- Pflanzenstärkungsmittel ausbringen.

ZIERGARTEN

- Knollenpflanzen wie Canna und Dahlien aus dem Winterlager holen und wieder einpflanzen.
- Sommerblühende Sträucher schneiden.
- Blumenzwiebeln einpflanzen.
- Stauden teilen.
- Rosen anhäufeln.
- Schmetterlingsflieder stark zurückschneiden (ca. 30 bis 50 cm über dem Boden).
- Winterschutz bei Stauden, Rosen und Hecken entfernen.
- Den Rasen lüften und erstmals mähen.
- Zum Ende des Frühlings bei Kübelpflanzen langsam mit dem Düngen beginnen und an geschützten Orten im Freiland aufstellen.

ANZUCHT IM GEMÜSEBEET

Die Aussaat und Anpflanzung ist einer der schönsten Aufgaben im Frühjahr. In der Übersicht auf Seite 138/139 erhalten Sie von wichtigen Gemüsekulturen auf einen Blick die richtige Zeit zum Aussäen, Pflanzen und Ernten. Sowie den Pflanzenabstand, der im Biogarten so wichtig ist, um Krankheiten und Schädlingen vorzubeugen.

SCHNECKEN-TIPPS FÜRS FRÜHJAHR

Im Garten sind im Frühjahr nicht nur die Gärtner und Gartenpflanzen aktiv. Auch die Schnecken freuen sich auf die neue Saison, die gleich im Frühling so viel zartes Grün bietet.

Wollen Sie die Schnecken auf natürliche Weise zurückdrängen, sorgen Sie gleich mit Beginn des Frühjahrs für eine regelmäßige Anwendung von Ihrem liebevoll zubereiteten Kompost (siehe S. 73). Hierdurch werden die Bodenprozesse harmonisiert, und durch die Zunahme des Humusgehalts im Gartenboden geht die Schneckenplage erfahrungsgemäß langsam und beständig zurück.

Das beste Mittel, aus dem Repertoire der biodynamischen Methode, ist für mich der Einsatz des Hornkiesel-Präparats. Es wird morgens an Blüten- oder Fruchttagen direkt auf den Boden ausgebracht. Dadurch wird die Lichtintensität am Boden erhöht. Das mögen die Schnecken überhaupt nicht und meiden für eine bestimmte Zeit die Fläche. Die Hornkieselanwendung sollte bei akuter Schneckenplage immer an einem Blütentag wiederholt werden.

Diese beiden Maßnahmen bieten, neben dem Absammeln, gute Voraussetzungen für widerstandsfähige und wachstumsfreudige Pflanzen. Ein Garant für ein absolut schädlingsfreies Aufwachsen unserer Pflanzen gibt es jedoch nicht!

GEMÜSE IM ÜBERBLICK: AUSSÄEN, PFLANZEN, ERNTEN

Gemüsearten von A bis Z	Art der Vermehrung	Setzlings-anzucht	Keimdauer (Tage)	Reihen-abstand / Pflanzen-abstand in cm	Zeitraum Anzucht, Pflanzung, Ernte	Blütezeit	Samenreife (Haupt-monat)	Lebenszeit
Artischocke	Aussaat	ja	8–12	100 × 100	Voranzucht: Anfang Februar bis Ende April Pflanzung: Mitte Mai bis Mitte Juni Ernte: Juli bis Ende September	Juli–Sept.	Oktober	einjährig / mehrjährig
Aubergine	Aussaat	ja	6–8	50 × 50	Voranzucht: Anfang Dezember bis Mitte Februar Aussaat: März / April Pflanzung: Mitte Mai bis Mitte Juni Ernte: Anfang August bis Ende September	Juli / Aug.	Oktober	einjährig
Blumenkohl	Aussaat	ja	4–6	50 × 60	Aussaat: Ende Februar bis Ende April und Ende März bis Mitte Juli Pflanzung: Anfang Mai bis Mitte August Ernte: Ende Juni bis Mitte November	Juli–Sept.	Oktober	zweijährig
Bohnen	Aussaat	nein	8–14	40 × 15 Buschb. 100 × 40 Stang.	Aussaat: Ende April bis Ende Juni Ernte: Mitte Juli bis Ende Oktober	Juni–Sept.	September	einjährig
Brokkoli	Aussaat	ja	4–6	40 × 50	Voranzucht: Ende Februar bis Ende März Aussaat: Mitte April bis Ende Juni Pflanzung: Anfang April bis Mitte Juli Ernte: Mitte Juli bis Ende Oktober	Juni–Okt.	Oktober	einjährig (zweijährig)
Chinakohl	Aussaat	möglich	4–6	30 × 30	Voranzucht: Juni Pflanzung: Juli bis Mitte August Aussaat: Juli bis Mitte August Ernte: September bis Dezember	Juli–Sept.	Oktober	einjährig (zweijährig)
Erbsen	Aussaat	nein	8–12	40 × 3	Aussaat: März und April Ernte: Juni bis September	Mai / Juni	August	einjährig
Feldsalat	Aussaat	nein	15–25	15 × 20	Aussaat: August und September Ernte: Mitte November bis Ende März	April / Mai	Juli	einjährig (zweijährig)
Fenchel (Knollen-)	Aussaat	möglich	12–16	50 × 20	Voranzucht: Mitte März bis Ende April Aussaat: Mai und Mitte Juli bis Mitte August Pflanzung: Mitte Mai bis Ende Juli Ernte: Anfang August bis Mitte Oktober	Juli–Okt.	Oktober	einjährig
Grünkohl	Aussaat	möglich	4–5	40 × 45	Voranzucht: Mitte April bis Ende Mai Aussaat: Mai bis Mitte Juni Pflanzung: Mitte Juni bis Mitte August Ernte: Mitte Oktober bis Mitte März	Juni–Sept.	August	zweijährig
Gurke	Aussaat	möglich	4–8	40 × 60	Voranzucht: März bis Ende April Aussaat: Mitte April bis Ende Mai Pflanzung: Mai bis Mitte Juni Ernte: Anfang Juli bis Mitte September	Juni–Aug.	September	einjährig
Kartoffel	Pflanzkartoffeln	–	–	60 × 30	Pflanzung: April bis Mitte Mai Ernte: August bis Mitte Oktober	–	–	einjährig
Kohlrabi	Aussaat	möglich	8–10	35 × 40	Voranzucht: März Aussaat: April bis Mitte Juni Pflanzung: Mitte April bis Mitte Juni Ernte: Mitte Juli bis Ende Oktober	Juni / Juli	August	zweijährig
Knoblauch	Brutzwiebel	nein	–	25 × 12	Pflanzung: März und Sept. bis Ende Oktober Ernte: Juni bis Oktober	Juni–Aug.	–	einjährig
Kresse	Aussaat	nein	2	Breitsaat	Aussaat: ganzjährig Ernte: ganzjährig	ab Mai	August	einjährig
Lauch (Porree)	Aussaat	möglich	14–16	20 × 25	Voranzucht: März Aussaat: April bis Mai Pflanzung: Juni bis Juli Ernte: Ende September bis Ende März	Juni / Juli	Oktober	zweijährig

Gemüsearten von A bis Z	Art der Vermehrung	Setzlings-anzucht	Keimdauer (Tage)	Reihen-abstand / Pflanzen-abstand in cm	Zeitraum Anzucht, Pflanzung, Ernte	Blütezeit	Samenreife (Haupt-monat)	Lebenszeit
Mangold	Aussaat	möglich	8 – 10	30 × 15	Voranzucht: Anfang März bis Mitte April Aussaat: März bis Juni und Mitte September bis Ende Oktober für's Frühjahr Pflanzung: Mai bis Mitte Juni Ernte: Mitte Juli bis Ende November	Juni – Sept.	September	zweijährig
Möhren	Aussaat	nein	21 – 28	25 × 3	Aussaat: März bis Mai Ernte: Ende Juni bis Mitte November	Juni / Juli	September	zweijährig
Paprika	Aussaat	ja	8 – 12	50 × 40	Voranzucht: Januar bis Mitte April Pflanzung: Mai und Juni Ernte: Mitte Juli bis Ende Oktober	Juni – Aug.	Oktober	einjährig
Pastinake	Aussaat	nein	21 – 28	30 × 10	Aussaat: Mitte März bis Ende Mai Ernte: September bis Mitte November	Juli / Aug.	Oktober	zweijährig
Radieschen	Aussaat	nein	8 – 14	12 × 5	Aussaat: März bis Mitte August Ernte: Mitte April bis Mitte Oktober	Juni – Aug.	September	einjährig
Rhabarber	Aussaat / Teilung	nicht ratsam	–	Einzelpfl.	Pflanzung: März bis Mitte April	–	–	mehrjährig
Rettich	Aussaat	nein	14 – 21	25 × 10	Aussaat: März bis August Ernte: Mitte Mai bis Ende Oktober	Juni – Aug.	September	einjährig
Rosenkohl	Aussaat	nicht ratsam	4 – 5	65 × 30	Voranzucht: März Aussaat: Mitte März bis Ende April Pflanzung: April und Mai Ernte: November bis Februar	Juli / Aug.	Oktober	zweijährig
Rotkohl	Aussaat	ja	5 – 6	50 × 60	Voranzucht: März und April Aussaat: Mitte März bis Mitte Mai Pflanzung: Mai und Juni Ernte: August bis Mitte November	Juni / Juli	August	zweijährig
Bete, Rote	Aussaat	nein	10 – 15	30 × 10	Aussaat: Ende März bis Anfang Mai Ernte: Juli bis Oktober	Juni – Sept.	Oktober	zweijährig
Salat (Kopf-)	Aussaat	ja	6 – 10	30 × 30	Voranzucht: Mitte Januar bis Mitte März Aussaat: April / Mai Pflanzung: Mitte April bis Mitte Juli Ernte: Mitte Mai bis Ende September	Juli – Sept.	September	einjährig
Schwarzwurzel	Aussaat	nein	15 – 20	25 × 5	Aussaat: März bis April Ernte: Mitte September bis März	Juni – Sept.	August	mehrjährig
Sellerie	Aussaat	möglich	15	40 × 50	Voranzucht: Februar bis Mitte April Aussaat: März und April Pflanzung: Mai bis Juni Ernte: Mitte August bis Ende November	Juni – Okt.	Oktober	zweijährig
Spinat	Aussaat	nein	8 – 14	20 × 25	Aussaat: März bis Mitte April und Mitte September bis Mitte Oktober Ernte: Mitte Mai bis Ende Juni und Oktober bis Mitte November	Mai / Juni	Juli	einjährig
Tomaten	Aussaat	ja	6 – 8	60 × 50	Voranzucht: März bis Mitte April Aussaat: April Pflanzung: Mai und Juni Ernte: Mitte Juli bis Mitte Oktober	Juli / Okt.	Oktober	einjährig
Zucchini	Aussaat	möglich	5 – 8	60 × 80	Voranzucht: März bis Anfang April Aussaat: April und Mai Pflanzung: Mai bis Mitte Juni Ernte: Juli bis Mitte Oktober	Juni – Sept.	September	einjährig
Zwiebeln	Aussaat	möglich	14 – 21	30 × 10	Voranzucht: Mitte Februar bis Mitte März Aussaat: März und April Pflanzung: Mitte März bis Ende April Ernte: August und September	Juni / Juli	September	zweijährig

[1.]

[2.]

[3.]

ERSTES GEMÜSE
aus dem Garten

Es gibt Gemüse, die nur eine kurze Kulturzeit haben und daher sehr schnell reif sind. Auf dieser Seite haben wir Ihnen die Ersten im Gemüsebeet zusammengestellt.

LAUCH [1.]
Allium porrum

Sorten: Je nach Erntezeit Sommer-, Herbst- und Winterporree. Blaublättrige Sorten ('Blaugrüner Winter') sind gut frosthart.
Gruppenzugehörigkeit: Blattpflanze
Aussehen: Zweijährige, krautige Pflanze, die bis zu 60 cm hoch wird; markanter, doldenartiger Blütenstand, linealische, lanzettliche Blätter.
Aussaat: Aussaat im März/April und Verpflanzung ins Beet im Juni/Juli. Winterporree bis August. Ernte dann über den Winter. Auf ausreichenden Pflanzabstand (20 bis 25 cm) achten, gut feucht halten und stetig den Boden lockern.
Inhaltsstoffe: Kalium, Magnesium, Vitamin C, Vitamin K, Folsäure
Erntezeit: Sortenabhängig. Ganzjährig.
Erntegut: Blätter. Zum besseren Einlagern einkürzen.
Verwendung: Vorzugsweise als Wintergemüse, aber auch als Küchengewürz (Sommerlauch).

KOHLRABI [2.]
Brassica oleracea var. *gongylodes*

Sorten: Früh-, Sommer- und Herbstsorten mit hellgrünen („weiße") und blau- bis rotvioletten Knollen.
Aussehen: Zweijährige, krautige Pflanze mit gewellten Blättern und markanter Knollenfrucht (verdickte Sprossachse).
Gruppenzugehörigkeit: Blattpflanze
Aussaat: Im Freiland ab April bis Mitte Juni mit Reihenabstand 35 cm, in der Reihe 40 cm. Beim Auspflanzen direkt ins Beet (Jungpflanzenanzucht im Haus ist ab März möglich), die Pflänzchen nicht zu tief setzen! Regelmäßig gießen.
Inhaltsstoffe: Kalium, Vitamin C
Erntezeit: Juli bis Oktober. Damit die Knollen richtig ausreifen können, darf die Temperatur weder zu hoch noch zu niedrig sein (Optimum bei durchschnittlich 15 °C).
Erntegut: Knollen. Diese bitte nicht zu groß werden lassen, das mindert den Geschmack. Die Blätter enthalten viel Provitamin A.
Verwendung: Roh und gekocht als Gemüsebeilage oder Salatzutat.

SALAT [3.]

Lactuca sativa

Sorten: Kopfsalat, Pflücksalat, Römischer Salat, Eissalat, Spargelsalat. Große Sortenvielfalt.

Gruppenzugehörigkeit: Blattpflanze

Aussaat: Alle Salate können bereits ab Ende Februar im Gewächshaus oder Frühbeetkasten ausgesät werden. Im Freiland erfolgt die Aussaat bei Pflücksalat, sobald der Boden offen ist. Jungpflanzen können im Abstand von 30 x 30 cm im Freiland gepflanzt werden, etwa ab Anfang April. Nicht zu tief setzen! Auf gleichmäßige Bewässerung und unkrautfreie Böden achten. Eine Kultur in flachen Schalen auf Balkon und Terrasse ist möglich. Es kann bei Bedarf immer wieder in kleinen Einheiten ausgesät werden.

Erntezeit: Etwa 35 bis 60 Tage nach der Pflanzung, ab Mai.

Erntegut: Einzelne Blätter oder ganze Köpfe (ohne Wurzeln).

Verwendung: Diverse Salatkreationen möglich, auch mit Wildkräutern.

RADIESCHEN [4.]

Raphanus sativus var. *sativus*

Aussehen: Kreuzblütler mit markanter Speicherknolle und dezenter rosafarbener Blüte; etwa 20 cm hoch. Es gibt Sorten mit runden, länglichen, rötlichen, weißlichen Knollen.

Gruppenzugehörigkeit: Wurzelpflanze

Aussaat: Frühe Sorten ab Februar unter Folie, Sommersorten ab Ende März bis Mitte August in Reihen ins Beet. Etwa 12 cm Reihenabstand, 5 bis 8 cm untereinander. Regelmäßig den Boden lockern. Eignet sich gut als Zwischensaat.

Inhaltsstoffe: Kohlenhydratreich, Kalium, Phosphor, Calcium

Erntezeit: April bis Oktober

Erntegut: Speicherknollen, junge Blätter

Verwendung: Ideal für den Frischverzehr, würzige Zutat für viele Speisen, auch als Salat und Spinat ein Genuss.

SCHWARZWURZEL [5.]

Scorzonera hispanica

Aussehen: Ausdauernde, krautige Pflanze mit bis zu 40 cm langer Wurzel (der Frucht). Gelbe Körbchenblüte; wird bis 120 cm hoch.

Gruppenzugehörigkeit: Wurzelpflanze

Aussaat: Kann von März bis April direkt ins Beet gesät werden. Reihenabstand 25 cm, Pflanzenabstand 5 cm. Muss gleichmäßig feucht gehalten werden. Boden gut lockern und gelegentlich düngen (Kalium).

Inhaltsstoffe: Kalium, Phosphor, Eisen, Inulin

Erntezeit: Ab September bis zum kommenden März.

Erntegut: Beginnt mit der Blattwelke. Rundherum auflockern und die Wurzel vorsichtig (!) herausziehen, damit diese nicht bricht.

Verwendung: Sehr schmackhaftes Wintergemüse. Roh, gegart und gekocht (jeweils geschält) genießbar.

RHABARBER [6.]

Rheum rhabarbarum

Sorten: Vorzugsweise rotstielige Sorten, da grünstielige saurer sind.

Aussehen: Ausdauerndes Stielgemüse mit markanten, rötlich gefärbten Blattrosetten.

Gruppenzugehörigkeit: Blattpflanze

Aussaat: Auspflanzung von Frühjahr bis September im Einzelstand. Alte Pflanzen teilen oder Jungpflanzen kaufen. Samenanzucht schwierig. Gut feucht halten und nach der Ernte düngen, um Nährstoffe zurückzuführen.

Inhaltsstoffe: Kalium, Calcium, Phosphor, Vitamin C, Provitamin A

Erntezeit: Mai. Letzte Ernte im zeitigen Juni, da dann der Gehalt an schädlicher Oxalsäure steigt.

Erntegut: Stiele ohne Blätter; bei Bedarf geschält.

Verwendung: Als süß-saurer Saft, gegartes Gemüse, Kompott und Kuchen beliebt.

[4.]

[5.]

[6.]

[a]

DAS IST *wirklich* WICHTIG

[a] TRIEBSPITZEN mit drei bis fünf Blattetagen werden geschnitten …

[b] … UND IN DIE ERDE GESTECKT. Die Bewurzelung erfolgt bei den Pfefferminzen, wie hier auf dem Bild, nach ca. 14 Tagen.

[c] WURZELAUSLÄUFERTEILE sind oft noch ergiebiger in der Vermehrungsmöglichkeit.

[d] EINZELNE WURZELAUSLÄUFER werden von der Mutterpflanze getrennt …

[e] … UND IN TÖPFCHEN EINGEPFLANZT. Jeder einzelne Austrieb enthält wieder die besonderen Eigenschaften der Mutterpflanze.

[b]

[c]

[d]

[e]

STECKLINGE VERMEHREN

Neue Pflanzen ziehen

Im Frühling ist nicht nur Zeit für die Aussaat. Wir können neue Pflänzchen auch durch Stecklinge von Elternpflanzen heranziehen, die dann im Laufe des Jahres selbst zu kräftigen Pflanzen werden.

Manche Pflanzen lassen sich einfacher und schneller durch Stecklinge als durch Samen gewinnen. Bei dieser sogenannten vegetativen Vermehrung sind die Eigenschaften der Mutterpflanze und der durch die Stecklinge gewonnenen nächsten Generation gleich.

VON KOPF- BIS WURZELSTECKLING

Man unterscheidet grundsätzlich zwischen Kopf-, Blatt- und Wurzelstecklingen. Alle Stecklinge werden ab dem Frühjahr einer gesunden Mutterpflanze entnommen und sollten mindestens zwei voll ausgebildete Blattpaare besitzen.
Bei Pflanzen wie Pfefferminze, Estragon, Salbei, Verbene, Ehrenpreis, Lavendel, Buntnessel, Phlox und Nelke werden Kopfstecklinge geschnitten, die neben den beiden Blattpaaren noch die Triebspitze (den Kopf) aufweisen.
Reine Blattstecklinge mit mindestens zwei Blattpaaren können von Blatt-Begonien, Usambaraveilchen und Sukkulenten gezogen werden.
Wurzelstecklinge macht man von Pflanzen, die unterirdische Ausläufer bilden, z. B. Pfefferminze. Bei Pflanzen, die oberirdische Ausläufer bilden, wie Erdbeeren, können die jungen Pflänzchen im Laufe des Sommers einfach von der Mutterpflanze mit einem scharfen Messer abgetrennt und eingepflanzt werden, da sie in der Regel schon eigene Wurzeln gebildet haben.

KOPFSTECKLINGE SCHNEIDEN

Man schneidet von einer Mutterpflanze Triebspitzen in einer Länge von ca. 4 bis 5 cm etwa 1 cm unterhalb eines Blattansatzes ab. Der Steckling sollte drei bis maximal fünf Blattpaare aufweisen, die untere Blattreihe wird dann entfernt **[→a]**.
Anschließend werden, je nach Größe der Töpfe, etwa vier Stecklinge in jeweils einen Topf mit 8 cm Durchmesser in Jungpflanzenerde gesteckt **[→b]**. Danach werden die Stecklinge möglichst mit einem Vlies zugedeckt, um Feuchtigkeitsverlust zu vermeiden. Prüfen Sie regelmäßig die Feuchtigkeit. Stecklinge wollen Feuchtigkeit, jedoch keine Staunässe. Deshalb nur wenig und vorsichtig nachgießen. Überprüfen Sie immer wieder, ob sich bereits Wurzeln gebildet haben. Sobald der Stecklingstopf vollständig mit Wurzeln angefüllt ist, topfen Sie die Pflanzen entweder in einen größeren Topf oder in den Garten.
Sie können Stecklinge auch in ein Glas mit Wasser stellen. Viele Pflanzen, wie z. B. Tomaten, Andenbeeren, Buntnesseln und Fleißige Lieschen, bilden auch auf diese Weise Wurzeln.

WURZELSTECKLINGE SELBST ZIEHEN

Pfefferminze, Zitronenmelisse und Garten-Phlox können durch Wurzelrisslinge vermehrt werden, da diese Pflanzen sehr wurzelaktiv sind und unterirdisch Ausläufer bilden **[→c]** – sie neigen gar oft zum Wuchern! Aus den Wurzeln bilden sich dann die neuen grünen Pflanzenteile.
Um Wurzelstecklinge zu gewinnen, wird ein Wurzelausläuferstück der Pflanze herausgetrennt **[→d]**. Wurzelteile, an denen sich bereits einzelne Austriebsteile gebildet haben, sind am besten geeignet. Diese Wurzelteile werden abgeschnitten und anschließend in einen Topf mit Aussaaterde gesteckt **[→e]**. Abschließend muss gut gewässert werden.
Nachdem die Wurzelstücke angewachsen sind, d. h. sich neue, grüne Pflanzenteile oberirdisch gebildet haben und das Wachstum sichtbar ist, werden sie vereinzelt und in größere Töpfe gesetzt oder direkt ins Freie gepflanzt.

IM KRÄUTERBEET

Gute Pflege von Anfang an

Damit wir gut in die neue Kräutersaison starten können, brauchen die oft wärmeliebenden Pflanzen zu Beginn unsere Aufmerksamkeit. Haben sie sich einmal an ihrem Standort etabliert, sind die meisten recht einfach in der Pflege.

FROSTSCHUTZ FÜR KRÄUTER

Manche Kräuter müssen auch im Frühjahr noch vor Spätfrösten geschützt werden, sofern sie nicht als Kübelpflanzen an einen frostsicheren Platz gestellt wurden. Dazu gehören beispielsweise Rosmarin und Französischer Estragon. Russischer Estragon und Gewöhnlicher Estragon sind dagegen kälterobust. Sie haben jedoch im Vergleich zum Französischen Estragon weniger Aroma.
Belassen Sie auch im sehr zeitigen Frühjahr den Winterschutz (Laub, Reisig, Vlies) noch auf den Pflanzen und gewöhnen Sie diese wärmeliebenden Kräuter langsam und stetig an die Frühlingstemperaturen. Gerade die Zitronenverbene (auch Eisenkraut genannt) benötigt unbedingt noch einen guten Frostschutz, sofern die Pflanze nicht im Kübel frostgeschützt überwintert. Entfernen Sie bei Kräutern wie Salbei, Lavendel und Rosmarin im späteren Frühjahr die erfrorenen Teile. Die Kräuter wachsen nach dem Rückschnitt kräftig nach. Überprüfen Sie etwa im März bei Kräutern, die über den Winter hindurch komplett in den Boden einziehen (Schnittlauch, Liebstöckel, Estragon), ob erste Austriebe sichtbar sind oder ob die Pflanze ausgewintert, d. h. erfroren ist und deshalb keine jungen Austriebe sichtbar sind.

DEN BODEN BEREITEN

Bereiten Sie im zeitigen Frühjahr den Boden für Ihre Kräuter vor. Erneuern Sie die Mulchschicht, nachdem Sie den Boden mit der Hacke gelockert und etwas guten, reifen Kompost vorsichtig untergearbeitet haben. So ermöglichen Sie den winterharten Kräuterpflanzen gute Lebensbedingungen für die anschließende Wachstumszeit.

KRÄUTER TEILEN

Zu große oder leicht wuchernde Kräuter wie Melisse und Pfefferminze können im Frühjahr (oder auch Herbst) geteilt und somit vermehrt werden. Dazu wird die Pflanze mit dem Wurzelballen ausgegraben und mit einem Spaten oder Messer geteilt. Die Teilstücke erholen sich schnell und wachsen gut eingepflanzt und angegossen im Gartenbeet anschließend weiter.

EIGENE JUNGPFLANZEN ZIEHEN

Wenn Sie z. B. Petersilie, Schnittlauch oder Basilikum selbst aussäen wollen, können Sie mit der Aussaat ab Februar an einem sehr hellen Platz im Gewächshaus oder im Haus beginnen. Vereinzeln Sie die Jungpflanzen, wenn sie etwas größer geworden sind, d. h. wenn sich in der Regel drei pflanzentypische Blätter zeigen und setzen Sie diese ab Mai ins Freie. Wenn Sie die Aussaat direkt im Freien vornehmen wollen, empfiehlt sich dafür ebenfalls der Mai. Achten Sie auch bei der Anzucht Ihrer Kräuter auf ausreichende Beetabstände. Sie finden diese, neben weiteren wichtigen Kulturinformationen, in der folgenden Tabelle.

KRÄUTER AUSSÄEN

Deutscher Name	Botanischer Name	Aussaattermin	Saattiefe in cm	Reihen- und Pflanzabstand in cm	Lebensdauer
Basilikum	*Ocimum ssp.*	Voranzucht ab Februar, ab Mai ins Freiland	0,3 – 0,5	30 × 25 bis 40 × 25	einjährig
Berg-Bohnenkraut	*Satureja montana*	Voranzucht ab März empfohlen	flache Ablage	30 × 25	mehrjährig
Bohnenkraut	*Satureja hortensis*	ab April bis Juli	flache Ablage	30 × 25	einjährig
Borretsch	*Borago officinalis*	April bis Juni	0,5 – 1	30 × 30 bis 30 × 40	einjährig
Dill	*Anethum graveolens*	ab April ins Freiland bis Juni	2 – 3	30 × 5 bis 10	einjährig
Dost, Wilder Majoran	*Origanum vulgare*	ab Februar zur Voranzucht	flache Ablage	30 × 25	mehrjährig
Gewürz-Fenchel	*Foeniculum vulgare*	ab März bis April	1 – 2	30 × 25	einjährig, zweijährig
Kerbel	*Anthriscus cerefolium*	März bis Juni	flache Ablage	30 × 5 bis 10	einjährig
Koriander	*Coriandrum sativum*	ab März bis April	1 – 2	30 × 10	einjährig
Kümmel	*Carum carvi*	Voranzucht ab März, sonst April bis Juni	1 – 2	30 × 10	einjährig, zweijährig
Lavendel	*Lavandula officinalis*	ab Februar zur Voranzucht	flache Ablage	30 × 25	mehrjährig
Liebstöckel	*Levisticum officinale*	ab März zur Voranzucht	1 – 2	40 – 50	mehrjährig
Majoran	*Origanum majorana*	April bis Mai	flache Ablage	30 × 25	einjährig
Pimpinelle	*Sanguisorba minor*	ab März	1	30 × 25	mehrjährig
Salbei	*Salvia officinalis*	ab März zur Voranzucht	1,5	30 × 25	mehrjährig
Sauerampfer	*Rumex acetos*	Voranzucht ab Anf. April	0 – 5	30 × 25	mehrjährig
Schnittlauch	*Allium schoenoprasum*	Voranzucht ab Februar, ab März bis Juli ins Freiland	2 – 2,5	30 × 25	mehrjährig
Schwarzkümmel	*Nigella sativa*	ab Ende April	1	30 × 25	einjährig
Speise-Chrysantheme	*Chrysanthemum coronarium*	ganzjährig, Direktsaat ab April	flache Ablage	30 × 25	
Thymian	*Thymus vulgaris*	Voranzucht ab Mitte März	flache Ablage	30 × 25	mehrjährig
Winterkresse	*Barbaraea praecox*	Juli bis September	flache Ablage	30 × 5 bis 10	zweijährig
Ysop	*Hyssopus officinalis*	Voranzucht ab Mitte März	flache Ablage	30 × 25	mehrjährig
Zitronenmelisse	*Melissa officinalis*	Voranzucht ab Mitte März	flache Ablage	30 × 25 bis 40 × 25	mehrjährig

[1.]

[2.]

[3.]

KRÄUTER

Frische Blätter und Blüten

Auch die ersten Kräuter lassen im Frühling nicht lange auf sich warten. Sie geben unseren Frühlingssalaten eine frische und blumige Note.

WALDMEISTER [1.]

Galium odoratum

Pflanzenfamilie: Rötegewächse
Gruppenzugehörigkeit: Blattpflanze
Standort / Boden: Ideal in schattigen Bereichen laubabwerfender Gehölze. Der Boden sollte gut feucht und humusreich sein.
Aussaat: Direktsaat. Flächige Pflanzung im Frühling / Herbst. Vermehrung durch Teilung oder über Ausläufer.
Pflege: Mulchen, bei Trockenheit gießen, gelegentliche Kompostgaben.
Ernte: Mai / Juni. Blätter zur Blütezeit ernten und vor Gebrauch leicht antrocknen.
Besonderheit: Aufgrund des relativ hohen Kumarin-Gehaltes nur in geringen Mengen und nicht allzu oft verwenden.

BÄRLAUCH [2.]

Allium ursinum

Pflanzenfamilie: Zwiebelgewächse
Gruppenzugehörigkeit: Blattpflanze
Standort / Boden: Halbschattiger Standort, am besten im Schatten von Laubgehölzen. Frischer bis feuchter, humoser Boden mit hohem Nährstoffgehalt.
Aussaat: Am besten gekaufte Zwiebeln im Herbst stecken, Jungpflanzen dann im zeitigen Frühjahr setzen.
Pflege: Anspruchslos und ausbreitungswillig, wenn der Standort stimmt. Bei Bedarf eindämmen (abstechen mit Spaten).
Ernte: Junge, frische Blätter im Frühling vor Erscheinen der Blüte.
Tipp: Bärlauch hilft aufgrund seiner ätherischen Öle und antibakteriellen Wirkung u. a. bei Magen-Darmstörungen.

KNOBLAUCHSRAUKE [3.]

Alliaria petiolata

Pflanzenfamilie: Kreuzblütler
Gruppenzugehörigkeit: Blattpflanze
Standort / Boden: Ideal im lichten Schatten auf nährstoffreichen, gut humosen Böden.
Aussaat: Direktsaat im zeitigen Frühling.
Pflege: Haben Sie Geduld! Am besten die Pflanze versamen (Selbstaussaat) lassen und zwei bis drei Jahre warten, dann bildet sich ein dichter Pflanzenteppich. Ausreichend gießen und gelegentlich Kompost beimischen.
Ernte: Möglichst jung Blätter von April bis Juni fortlaufend abknipsen.
Tipp: Mit seinem pfeffrig knoblauchartigen Geschmack eine Bereicherung von Salaten oder gehackt mit Butter als Brotbelag.

GÄNSEBLÜMCHEN [4.]

Bellis perennis

Pflanzenfamilie: Korbblütler
Gruppenzugehörigkeit: Blütenpflanze
Standort / Boden: Sonnige Plätze, nährstoffreiche, gut feuchte Böden. Staunässe wird nicht vertragen.
Aussaat: Vortreiben im Juni / Juli, Pflanzung der Setzlinge im August fördert frühzeitiges, vitales Aufblühen im kommenden Jahr. Säen sich leicht selbst aus (Wind, Insekten, Selbstaussaat), daher stark ausbreitungswillig.
Pflege: Pflegeleicht. Gelegentlich eindämmen (Spaten), abmähen fördert nur die Verbreitung!
Ernte: Fast ganzjährig, ab etwa März möglich; Blätter, Blüten, Blütenknospen.

VEILCHEN [5.]

Viola odorata

Pflanzenfamilie: Veilchengewächse
Gruppenzugehörigkeit: Blütenpflanze
Standort / Boden: Licht- bis halbschattige Plätze auf nährstoffreichen, gut humosen / feuchten Böden.
Aussaat: Direktsaat im zeitigen Frühjahr. Durch Ausläufer und mithilfe von Ameisen sehr ausbreitungswillig.
Pflege: Regelmäßig gießen und düngen.
Ernte: März / April (Blüten), Blätter bis Mai.
Tipp: Veilchentee: 2 EL getrocknete Blüten in etwa 100 g schwarzen Tee untermischen.

WILDE MALVE [6.]

Malva sylvestris

Pflanzenfamilie: Malvengewächse
Gruppenzugehörigkeit: Blütenpflanze
Standort / Boden: Sonnige Plätze, trockene, stickstoff- und nährstoffreiche Böden.
Aussaat: Direktsaat (flächig), ganzjährig möglich. Von Natur aus ausbreitungswillig.
Pflege: Pflegeleicht, regelmäßig gießen, Verblühtes / Vertrocknetes abzupfen.
Ernte: Blätter (fortlaufend), Blüten (Mai bis September).
Sorten: Die Wildform besitzt im Gegensatz zu den zahlreichen kultivierten Formen (wegen der Blüten) noch deutlich mehr pflanzliche Wirkstoffe.
Besonderheit: Extrakte der Blüten und Blätter sind gute Mittel gegen Atemwegsentzündungen.

GUTER HEINRICH

Chenopodium bonus-henricus

Pflanzenfamilie: Gänsefußgewächse
Gruppenzugehörigkeit: Blattpflanze
Standort / Boden: Sonnige Plätze mit sandig-lehmigen Böden, die einen hohen Nährstoffgehalt aufweisen.
Aussaat: Aussaat im Frühjahr, auch Teilung der Wurzelstöcke möglich.
Pflege: Ausgiebig gießen und düngen aufgrund der großen Blattmasse. Rückschnitt im Herbst oder Frühjahr.
Ernte: Im Frühsommer Blätter ernten, auch Blüten und Sprosse essbar.

KRÄUTERERNTE IM FRÜHLINGSGARTEN: Frauenmantel (Erntezeit Mai bis August), Löwenzahn (Erntezeit März bis April / Mai), Guter Heinrich (Erntezeit April bis Oktober), Gundermann (Erntezeit März bis Juni), Schnittlauch (Erntezeit Mai bis Juli).

[4.]

[5.]

[6.]

SOMMERSAISON

im Biogarten

DIE MEISTEN KULTUREN SIND GEPFLANZT UND UNSER SOMMERGARTEN STEHT IN VOLLER BLÜTE. LECKERE BEEREN, SCHMACKHAFTES GEMÜSE UND AROMATISCHE KRÄUTER WARTEN DARAUF, GEERNTET ZU WERDEN. DURCH PFLEGENDE GARTENARBEITEN KÖNNEN WIR SIE IN IHREM GESUNDEN WACHSTUM UNTERSTÜTZEN UND UNS SO AN IHRER SCHÖNHEIT UND IHREN ERNTEGABEN ERFREUEN.

[a]

[b]

[c]

[d]

DAS IST *wirklich* WICHTIG

[a] TOMATEN SOLLTEN BEI DER PFLANZUNG, ob im Topf oder im Freien, immer mit einem sehr feuchten (nassen) Wurzelballen gepflanzt werden.

[b] IN DER TOPFKULTUR benötigen sie ein ausreichend großes Gefäß (mindestens 10 l pro Pflanze) und einen Gießrand von 4 bis 5 cm.

[c] GEIZTRIEB ENTFERNE ich immer mit einer Länge von 7 bis 15 cm. Anfangs etwas länger, damit die dort befindlichen Blätter mithelfen, die Pflanze zu ernähren (Fotosynthesefläche).

[d] OB MIT DEM MESSER oder von Hand gearbeitet wird, hängt oft von der Stabilität der Pflanze ab. Die beste Zeit ist morgens, wenn die Pflanzen noch prall im Saft stehen. Dann „bricht“ es sich leichter.

TOMATEN

Viele Früchte durch Erziehung und Pflege

Will man bei Tomaten eine gute Ernte erzielen, benötigen sie während des Wachstums zusätzliche Unterstützung. Tomatenpflanzen müssen u. a. regelmäßig ausgegeizt werden, um ausreichend Früchte zu entwickeln.

WENIGER IST MEHR

Tomatenpflanzen neigen zu starker Triebbildung, vor allem in den Seiten. An fast allen Blattachsen entwickeln sich während des Wachstums der Pflanze junge Triebe. Würde man die Pflanze unkontrolliert in die Breite wachsen lassen, bekäme sie ein buschartiges Aussehen ohne ausgeprägte Stammbildung. Bei dieser buschartigen Tomatenpflanze gäbe es zwar viele Früchte, doch diese wären winzig klein und würden oft nicht ausreifen. Zudem würde ohne eine ausgeprägte Stammbildung die Pflanze dazu neigen, auseinanderzubrechen.
Wird die Tomatenpflanze gegeizt, d. h. die jungen Seitentriebe entfernt, kann die Pflanze alle Kraft in die Entwicklung des Haupttriebs stecken und große, reifende Früchte bilden. Der Haupttrieb muss dabei mit einem Stock gestützt und daran festgebunden werden. Wird ein Wendelstab verwendet, kann das Anbinden entfallen.

SEITENTRIEBE ENTFERNEN

Beim Ausgeizen werden regelmäßig die jungen Seitentriebe entfernt, die sich während des Wachstums der Pflanze bilden. Die Seitentriebe, die auch Geiztriebe genannt werden, bricht man in unmittelbarer Nähe des Stängels ab, sobald sie eine Länge von etwa 10 bis 15 cm erreicht haben. Da die jungen Triebe noch sehr weich sind, können sie einfach zwischen zwei Fingern abgeknipst werden. Um die Pflanze nicht zu beschädigen, kann man die Seitentriebe auch mit einer scharfen Gartenschere oder einem Veredelungsmesser abschneiden.

TOMATEN KÖPFEN

Im August wird die Tomatenpflanze dann geköpft, d. h., der Trieb oberhalb der letzten Blüte wird abgeschnitten. So können die noch vorhandenen Früchte gut ausreifen und eine weitere Blüten- und Fruchtbildung wird verhindert.
Durch das Kappen der Triebspitze gehen die gesamten Wachstumskräfte der Tomatenpflanze in die bereits vorhandenen Früchte. Die Tomaten werden deshalb im Monat August geköpft, da Tomatenpflanzen etwa 90 Tage von der Befruchtung bis zur reifen Frucht benötigen.

VORSICHT VOR KRAUTFÄULE

Während des Wachstums und der Fruchtbildung kann es bei Tomaten leicht zur gefürchteten Kraut- und Braunfäule kommen (siehe S. 120). Es ist eine Pilzkrankheit, deren Sporen im Boden unter der Pflanze sitzen. Beim Gießen und durch Regen kann das Wasser mit den Pilzsporen auf die Blätter spritzen. Daher sollten wir unsere Tomaten ganz nah am Stamm gießen und ihnen einen dreiseitigen Regenschutz bieten, der insbesondere zur Hauptwindrichtung geschlossen und nur zu einer Seite hin geöffnet ist. Verwenden Sie bitte keine Plastiksäcke, da hier eine ausreichende Verdunstung nicht möglich ist und der Pilzbefall zusätzlich gefördert werden würde.
Vorbeugend können Sie Ihre Tomaten auch ab Mai mit dem Gießen und Spritzen einer Schachtelhalm-Brühe schützen. Zur Erstellung der Schachtelhalm-Brühe benötigen Sie etwa 1,5 kg frische Wedel, die 24 Stunden in 10 l Wasser eingeweicht und anschließend eine Stunde lang aufgekocht werden. Die erkaltete Brühe wird abgesiebt. Die Brühe muss verdünnt im Verhältnis 1 : 10 (Brühe : Wasser) aufgetragen werden.

PFLEGE FÜR GEMÜSE *im Sommergarten*

Auch im Sommer ist im Garten viel zu tun. Schädlinge haben jetzt ihre Hochphase und wir können bereits viele Pflanzen beernten. Was wann und wo im Garten zu tun ist und wie Sie Ihre Pflanzen aktiv vor Gemüsefliegen schützen können, erfahren Sie hier.

AKTIVER SCHUTZ MIT NETZEN

Der Hochsommer ist die Zeit der Lauchmotte. Die Larven des nachtaktiven Falters entwickeln dann geradezu einen Heißhunger auf Lauch und fallen über die Pflanzen her. Die Larven beginnen an der Spitze der Blätter und arbeiten sich immer weiter ins Innere vor. Dabei hinterlassen sie einen Pilz, der das Gemüse letztlich zerstört. Abhilfe bieten sogenannte Insektenschutznetze, die auch gegen die Möhrenfliege bei Möhren schützen (im Handel erhältlich). Für den Einsatz wird zuerst der Boden um die Pflanzen herum gehackt und die Beikräuter entfernt. Anschließend erhalten die Kulturen eine üppige Mulchschicht mit Rasenschnitt (in regelmäßigen Abständen von etwa vier Wochen). Der Rasenschnitt fällt schnell zusammen und ist eine hervorragende Nahrung für wichtige Bodenlebewesen. Nach dem Mulchen werden die Pflanzen mit dem sehr engmaschigen Insektenschutznetz, durch das der Regen aber gut hindurchdringen kann, lose bedeckt. Achten Sie darauf, dass die Pflanzen noch genug Platz nach oben zum Wachsen haben. Gleichzeitig muss das Netz am Boden so befestigt werden, dass keine Schädlinge eindringen können. Dazu wird das Netz an den Rändern beispielsweise mit großen Steinen beschwert. Beim Hacken oder Mulchen sollten Sie das Netz möglichst schnell wieder schließen, damit keine Insekten einfliegen können.
Sie können das Netz direkt nach der Pflanzung auflegen und es bis zur Ernte auf den Kulturen liegen lassen.

ALLGEMEINE ARBEITEN

- Hacken anstatt Gießen: Den Boden im Sommer durch regelmäßiges Hacken immer ausreichend durchlüften. So spart man wertvolles Wasser, denn die Pflanzen müssen nicht so oft gegossen werden (siehe S. 99).
- Für eine ausgeglichene Bodenfeuchte sollten freie Beetflächen im Garten gemulcht werden, siehe S. 105.
- Pflanzenstärkungsmittel ausbringen, siehe S. 113.
- Beikraut jäten, siehe S. 101.
- Schneckenbekämpfung, siehe S. 137.
- Vereinzeln von Jungpflanzen, siehe S. 49.

GEMÜSEGARTEN

- Aussaat von Winterkulturen wie Blumenkohl, Winterendivie, Feldsalat, Grünkohl, Zuckerhut, Chinakohl, Winterlauch.
- Kurze Kulturen 14-tägig in kleinen Einheiten neu aussäen.
- Anhäufeln von Bohnen, Erbsen, Kartoffeln.
- Königsblüte bei Paprikapflanzen entfernen (die erste Blüte, die von den Pflanzen gebildet wird). Sonst stecken die Pflanzen ihre ganze Energie in die Ausbildung der ersten Frucht und die Ernte fällt geringer aus.
- Pflanzenschutz mit Vlies und Insektenschutznetzen bei Kohl, Lauch, Möhren, Salat.
- Auf Kartoffelkäfer und deren gefräßige Raupen (siehe Abbildung) achten. Bei Auftreten der Schädlinge ablesen oder zerdrücken.
- Pflanzen wie Radieschen vereinzeln.
- Tomaten ausgeizen, siehe S. 151.
- Auberginen und Gurken köpfen.
- Ernte

OBSTGARTEN

- Apfelwickler an Obstbäumen durch Wellpappengürtel bekämpfen (im Handel erhältlich).
- Beerensträucher ggf. gießen.
- Bei Erdbeeren einige Wochen vor der Ernte mit Stroh unterlegen, um schöne Früchte zu erhalten.
- Neue Erdbeerpflanzen durch Kindel gewinnen, siehe S. 143.
- Jauchedüngung für Beeren und Bäume.
- Einmachen und Konservieren.
- Rebenranken anbinden.
- Sommerschnitt von Obstbäumen und Beerensträuchern.

KRÄUTERGARTEN

- Kräuter regelmäßig beernten, um buschigen Wuchs zu fördern.
- Kräuter wie Zitronenmelisse und Pfefferminze vor der Blüte ernten.
- Haupterntezeit für Kamille.
- Petersilie aussäen.
- Konservierung von Kräutern.
- Ab August nicht mehr düngen.

ZIERGARTEN

- Abgeblühtes regelmäßig entfernen, um buschigen Wuchs zu fördern.
- Containerpflanzen auspflanzen.
- Einjährige auspflanzen.
- Forsythie auslichten.
- Pflanzenstützen bei hohen Stauden anbringen.
- Zweijährige aussäen: Bartnelken, Bellis, Königskerze, Stiefmütterchen.
- Blumensamen ernten.
- Herbst-Chrysanthemen pflanzen.
- Herbstblumenzwiebeln pflanzen.
- Rasen mähen.

ERNTEZEIT IM GARTEN

Naschobst und aromatische Kräuter

Beschenkt uns der Garten mit einer reichen Ernte, können wir sie auf vielfältige Weise zu leckeren Produkten verarbeiten, die zudem noch lange haltbar sind. Denn frisches Naschobst und aromatische Kräuter halten sich in der Regel nur wenige Tage.

Wenn Sie Erntegut weiterverarbeiten, sollten Sie auf gesunde und saubere Pflanzenteile achten. Daher ist es z. B. bei Erdbeeren sinnvoll, ihnen wenige Wochen vor Erntebeginn eine Strohunterlage im Beet zu bieten. So sind die Früchte weniger anfällig für Fäulnis und Druckstellen (siehe Abbildung).

BEEREN: EINFACH EINFRIEREN

Die einfachste Methode, um auch über den Sommer hinaus noch frisches Obst genießen zu können, ist sicherlich das Einfrieren. Besonders Beerenobst eignet sich hervorragend für diese Methode, da es seinen Geschmack, seine Form und Farbe behält.
Um Beeren einzufrieren, breitet man die getrockneten Früchte nach dem gründlichen Waschen auf einem ebenen Tablett o. Ä. aus (es muss ohne zu kippen ins Gefrierfach oder die Kühltruhe passen). Die Beeren sollten sich dabei nicht berühren. Dann gibt man das Tablett in die Kühltruhe oder in ein ausreichend großes Gefrierfach. Sobald die Früchte nach wenigen Stunden hart gefroren sind, kann man die Beeren in einen Gefrierbeutel oder in gut verschließ-

bare Kunststoffdosen umfüllen. Damit die Beeren später beim Auftauen nicht vermatschen und verkleben, sollte man sie wieder einzeln nebeneinanderlegen – es sei denn, sie werden nachträglich zu Marmelade, Gelee oder Beerensoße weiterverarbeitet.

NACH ALTER TRADITION: DÖRREN

Auch nach der alten Tradition des Dörrens lässt sich Obst konservieren. Dafür eignen sich am besten Früchte, die in Scheiben geschnitten werden können, wie Äpfel, Birnen oder Pfirsiche. Die Trockenfrüchte schmecken aufgrund ihres natürlichen Gehalts an Fruchtzucker besonders gut und sind gerade auch später in der kalten Jahreszeit eine leckere, gesunde Nascherei.
Am einfachsten ist das Dörren im Backofen. Die optimale Dörrtemperatur beträgt bei Beeren etwa 50 °C, bei Steinobst wie Kirschen und Pflaumen etwa 70 °C und bei Kernobst wie Äpfel und Birnen etwa 65 °C.

LANGE HALTBAR: STERILISIEREN

Bei einer großen Ernteschwemme ist das Einkochen von Obst und Gemüse die schnellste Methode, um Gartenfrüchte sehr lange haltbar zu machen. Die Gartenfrüchte werden dabei auf mindestens 90 bis 100 °C erhitzt. Durch die hohe und lange Hitzezufuhr gehen aber auch etwa die Hälfte der Nährstoffe verloren.
Voraussetzung für das Einkochen von Obst und Gemüse sind dichte, saubere Einmachgläser, sauberes und gesundes Erntegut, die richtige Einkochtemperatur sowie ein Einmachtopf. Wer nur geringe Mengen einkocht, kann auch den Backofen oder den Schnellkochtopf dafür verwenden.
Das Obst und Gemüse sollte so in die Gläser gefüllt werden, wie es später verwendet wird. Man kann das Erntegut bis fast an den Glasrand einfüllen und dann mit Essigsud oder Zuckerwasser übergießen. Die gut verschlossenen Gläser (mit Gummiringen und Klammern) werden in kochendes Wasser gestellt. In einem Dampfdrucktopf benötigen sie durchschnittlich zehn Minuten, in einem Einmachtopf etwa 30 Minuten und im Backofen ca. zwei Stunden (abhängig vom Inhalt).

MUS UND MARMELADE: AUFKOCHEN

Beeren eignen sich im Sommer ideal für die Verarbeitung zu Mus oder Konfitüre. Das Konservieren geschieht durch etwa dreiminütiges Sieden mit einem Geliermittel und sofortiges Einfüllen in sterile Gläser. In Gläsern mit sogenannten Twist-off-Deckeln bleibt die heiß eingefüllte Masse auch ohne Zucker haltbar, wenn die Gläser sofort nach dem Verschließen auf den Kopf gestellt werden.
Zum Süßen der Fruchtmasse kann Birnendicksaft oder Honig verwendet werden. Als Geliermittel eignen sich natürliche Geliermittel wie Agar-Agar, Uni-Gel, Apfelpektin oder Johannisbrotkernmehl.

AROMA BEWAHREN: KRÄUTERSALZE

Kräuter bieten uns vielfältige Möglichkeiten, ihr Aroma und ihre Inhaltsstoffe über den Frischverzehr hinaus zu bewahren. Eine einfache und unkomplizierte Möglichkeit ist das Einlegen in Salz. Aromatische Kräuter wie Rosmarin, Estragon und Thymian eignen sich ideal für diese Art der Konservierung. Wichtigste Voraussetzung ist, dass die verwendeten Kräuter richtig trocken sind. Um Kräutersalz herzustellen, werden zwei Teile getrocknete Kräuter und ein Teil Meersalz im Mörser gut zerstoßen und anschließend in Gläser abgefüllt.

Trocknung von Kräutern

Die ideale Temperatur zum Trocknen von Kräutern liegt bei 38 °C, am besten in wenig isolierten Gartenhäuschen mit guten Belüftungsmöglichkeiten. Nur dann kann den Kräutern langsam die Feuchtigkeit entzogen, aber gleichzeitig können die ätherischen Öle bewahrt werden. Die Kräuter werden entweder in kleinen Sträußen gebündelt aufgehängt oder auf Gitternetzen ausgelegt. Nach dem Trocknen können die Kräuter zerkleinert und in lichtundurchlässige Behältnisse verpackt oder zu besonderen Salzen, Ölen, Tees ... weiterverarbeitet werden.

„FRISCH“ IM WINTER: KRÄUTER EINFRIEREN

Wer auch im Winter noch gerne „frische“ Kräuter haben möchte, kann sie ebenso wie die Beeren einfrieren. Dafür eignen sich Basilikum, Schnittlauch, Petersilie und Dill. Sie werden gewaschen und anschließend zerkleinert in Gefrierbeutel oder Dosen verpackt und eingefroren. Nach dem Auftauen sollte man sie baldmöglichst aufbrauchen.

[1.]

[2.]

[3.]

GEMÜSE

Erntereif im Sommer

Gemüse wie Erbsen und Bohnen direkt vom Strauch naschen, Gurken, Blumenkohl und Brokkoli vom Beet oder von der Stange! Sie alle warten im Sommer darauf, geerntet zu werden.

BLUMENKOHL [1.]

Brassica oleracea var. *botrytis*
Pflanzenfamilie: Kreuzblütler
Gruppenzugehörigkeit: Blattpflanze
Standort / Boden: Anspruchsvoll. Sonniger bis halbschattiger Standort, kalkhaltiger, tiefgründiger Boden.
Aussaat: Anzucht im März, Pflanzung der Sommersorten etwa Anfang Juni, Pflanzabstand 50 × 60 cm.
Pflege: Achten Sie auf gleichmäßige Feuchtigkeit, regelmäßig hacken oder mulchen, mehrmals Kompost geben.
Ernte: Juni bis November. Die Köpfe sollten gut ausgebildet, aber noch geschlossen sein.
Sorten: Sehr vielfältig. Es gibt Sorten für den Früh-, Sommer- und Spätanbau.
Tipp: Als gute Maßnahme gegenüber Schädlingen haben sich feinmaschige Gemüseschutznetze bewährt, siehe S. 152.

BOHNE [2.]

Phaseolus vulgaris
Pflanzenfamilie: Schmetterlingsblütler
Gruppenzugehörigkeit: Fruchtpflanze
Standort / Boden: Recht anspruchslos, aber kalkliebend.
Aussaat: Ab Mitte Mai direkt ins Freiland, maximal 1,5 cm tief. Je wärmer der Boden, desto rascher die Keimung. Pflanzenabstand für Stangenbohnen 40 cm, Reihenabstand 100 cm, etwa zwei bis vier Samen pro Stange. Bei Buschbohnen in der Reihe 10 bis 15 cm, Reihenabstand 40 bis 50 cm.
Pflege: Vermeiden Sie übermäßige Feuchtigkeit. Für gleichbleibend hohes Nährstoffangebot sorgen und bei Stangenbohnen die Jungpflanzen an den Stangen hochleiten.
Ernte: Ab Ende Juni bis Oktober. Fortlaufend junge Hülsen abpflücken, alternativ bis zur Vollreife warten (Nutzung der Samen als Trockenbohnen).
Sorten: Beachtliche Vielfalt, abhängig von der Art (Stangen-, Busch, Prunkbohnen).
Tipp: Eigenes Saatgut ist ideal für die Anzucht im Folgejahr. Bohnen dafür kühl, trocken, aber luftig lagern.

KNOBLAUCH [3.]

Allium sativum
Pflanzenfamilie: Zwiebelgewächse
Gruppenzugehörigkeit: Wurzelpflanze
Standort / Boden: Sonniger, luftiger Standort, lockerer, humusreicher, gut feuchter Boden.
Aussaat: Die einzelnen Zehen im März / April in die Erde stecken (Spitze etwa 2 cm unterhalb der Oberfläche, Reihenabstand etwa 25 cm, untereinander etwa 12 cm).

Pflege: Ab und zu gießen und ggf. etwas Kompost geben.
Ernte: Juni bis August. Holen Sie die aromatischen Zwiebeln aus dem Boden, wenn die Blätter anfangen zu verbräunen.
Sorten: Sorten für den Frühjahrs- und Herbstanbau erhältlich.
Tipp: Das würzige Aroma bleibt länger erhalten, wenn Sie die Blätter luftig und schattig lagern, z. B. aufgebunden als Zöpfe.

ERBSE [4.]

Pisum sativum ssp. *sativum*
Pflanzenfamilie: Schmetterlingsblütler
Gruppenzugehörigkeit: Fruchtpflanze
Standort / Boden: Gut durchlüftete, kalkreiche, humose Lehmböden mit guter Wasserführung.
Aussaat: Direktsaat ins Beet ab Ende März, ca. 2 bis 4 cm tief, späte Sorten bis Anfang Juli. Je wärmer der Boden, desto rascher die Keimung.
Pflege: Bei etwa 20 cm Wuchshöhe anhäufeln und gleichmäßig feucht halten.
Ernte: Juni bis September.
Sorten: Grundsätzlich gibt es drei Sortengruppen: Schäl-, Mark- und Zuckererbsen. Zudem bestehen Unterschiede bei den Saatzeiten und Wuchshöhen.
Tipp: Die jungen, zarten Hülsen der Zuckererbsen sind komplett essbar.

BROKKOLI [5.]

Brassica oleracea var. *italica*
Pflanzenfamilie: Kreuzblütler
Gruppenzugehörigkeit: Blütenpflanze
Standort / Boden: Anspruchsvoll. Sonnig, windgeschützt, nährstoffreicher, lehmhaltiger, gut humoser Boden.
Aussaat: Ab April unter Folie, ab Mai direkt ins Freiland, mit einem Abstand von ca. 40 × 50 cm, pflanzen. Bei späten Sorten ist auch Direktsaat (April bis Juni) möglich.
Pflege: Gut feucht halten, häufig lockern oder mulchen und gelegentliche Humusgaben.
Ernte: Juli bis Oktober. Frühzeitig die geschlossenen Köpfe mit kurzem Stiel ernten.
Sorten: Frühe und späte Sorten mit teils farbigen Köpfen.
Tipp: Mehrjährige Sorten ersparen die alljährliche Anzucht / Aussaat.

GURKE [6.]

Cucumis sativus
Pflanzenfamilie: Kürbisgewächse
Gruppenzugehörigkeit: Fruchtpflanze
Standort / Boden: Geschützter Standort, nährstoffreicher Boden.
Aussaat: Anzucht April / Mai und ab Mitte Mai ins Freiland pflanzen. Am besten auf (geschlitzte) Mulchfolie. Direktsaat ab Mitte Mai möglich. Reihenabstand 40 cm, Pflanzenabstand etwa 60 cm.
Pflege: Oft gießen, mulchen, Boden mit Kompost anreichern und regelmäßig lockern. Gewächshausgurken benötigen eine Rankhilfe.
Ernte: Ab Mitte Juli, wenn die Früchte ausreichend groß sind. Häufig durchpflücken.
Sorten: Große Auswahl, abhängig von der Länge der Früchte und der Verarbeitung: Landgurken, Mini-Salatgurken, Einlegegurken. Wählen Sie stets resistente Sorten, um Krankheiten zu vermeiden.
Besonderheit: Beachten Sie, dass Gurken sehr empfindlich gegenüber Temperaturschwankungen sind.

WEITERE SOMMERGEMÜSE: **Tomate (Erntezeit Juni bis Oktober), Aubergine (Erntezeit August bis September), Paprika (Erntezeit Juli bis Oktober), Zucchini (Erntezeit Juni bis Oktober), Kichererbse (Erntezeit Juli bis September).**

[4.]

[5.]

[6.]

[1.]

[2.]

[3.]

DUFT DES SOMMERS

Kräuter ernten

Von Juni bis August geben Kräuter unseren Gartenbeeten eine mediterrane Stimmung. Lavendel, Rosmarin, Thymian verzaubern Auge, Mund und Nase.

OREGANO [1.]

Origanum vulgare ssp. *vulgare*
Pflanzenfamilie: Lippenblütler
Gruppenzugehörigkeit: Blattpflanze
Standort / Boden: Sonnige Plätze auf gut durchlässigen, überwiegend trockenen, nährstoffarmen Böden.
Aussaat: Direktsaat von Mai bis Juni. Pflanzung ab Mai. Vermehrung: Teilung, Ausläufer, Stecklinge.
Pflege: Nur mäßig gießen und düngen, im Frühjahr vollständig zurückschneiden.
Ernte: Jeweils frische Blätter / Triebe. Zum Konservieren (Trocknen) während der Blüte schneiden.
Tipp: Neben der aromatischen Würze findet Oregano v. a. als bewährtes Mittel gegen Atemwegserkrankungen und Verdauungsstörungen Verwendung.

TÜPFEL-JOHANNISKRAUT [2.]

Hypericum perforatum
Pflanzenfamilie: Johanniskrautgewächse
Gruppenzugehörigkeit: Blütenpflanze
Standort / Boden: Überwiegend sonniger / halbschattiger Standort auf gut durchlässigen, kalkreichen, eher nährstoffarmen Böden.
Aussaat: Besser gekaufte Jungpflanzen ab Ende März ins Beet (Abstand 40 cm) setzen. Auch Direktsaat möglich.
Pflege: Pflegeleicht. Nur gelegentlich gießen und vor / nach der Saison zurückschneiden.
Ernte: Juni bis September. Voll aufgeblühte Blütenstängel abschneiden und trocknen.
Tipp: Das aus den Blüten gewonnene Rotöl wird als äußerliches Wundheilmittel verwendet. Blätter und Triebe als Würze für Fischgerichte.

YSOP [3.]

Hyssopus officinalis
Pflanzenfamilie: Lippenblütler
Gruppenzugehörigkeit: Blütenpflanze
Standort / Boden: Sonnig, gut durchlässiger, kalkhaltiger, nährstoffreicher Boden.
Aussaat: Direktsaat im Frühjahr, zudem Stecklinge im Spätsommer.
Pflege: Nur wenig gießen, aber mit viel Kompost düngen. Rückschnitt im Frühjahr, zur Formerhaltung sinnvoll. In kalten Wintern mit Stroh / Reisig abdecken.
Ernte: Blätter und Triebspitzen fortlaufend ernten.
Tipp: Die Blätter sind eine herb aromatische Würze für viele Speisen. Ysoptee ist ein gutes Mittel bei trockenem Husten.

LAVENDEL [4.]

Lavandula angustifolia
Pflanzenfamilie: Lippenblütler
Gruppenzugehörigkeit: Blütenpflanze

Standort / Boden: Sonnige Plätze auf durchlässigen, kalkhaltigen, nährstoffarmen Böden.
Aussaat: Flächige Direktsaat oder Auspflanzen möglichst vitaler Jungpflanzen (jeweils im Frühjahr). Absenker möglich (sortenabhängig).
Pflege: Nur mäßig gießen. In rauen Lagen Winterschutz geben. Um einen schönen kompakten Wuchs zu erhalten, die Pflanze alle zwei bis drei Jahre auf etwa ein Drittel zurückschneiden (zeitiges Frühjahr).
Ernte: Juni bis August. Blütentriebe abschneiden, sobald sich die Blüten öffnen, gleichzeitig trocknen.
Tipp: Auch die Blätter eignen sich als charaktervolle Würze vieler Speisen.

BASILIKUM [5.]

Ocimum basilicum
Pflanzenfamilie: Lippenblütler
Gruppenzugehörigkeit: Blattpflanze
Standort / Boden: Warme, geschützte Lagen, nährstoffreicher Boden.
Aussaat: Anzucht Ende Februar bei ca. 20 °C, ab Mitte Mai im Abstand von ca. 30 cm auspflanzen.
Pflege: Halten Sie die Pflanzen möglichst gleichmäßig feucht und düngen Sie ein- bis zweimal mit organischem Dünger.
Ernte: Juli bis September. Jederzeit junge Triebe und Blätter. Wollen Sie Pesto herstellen oder das aromatische Kraut einfrieren, sollten ganze Triebe vor der Blüte abgeschnitten werden.
Tipp: Im Freiland ist das wärmeliebende Basilikum schwierig zu kultivieren, am besten man pflanzt es in Töpfen.

ROSMARIN [6.]

Rosmarinus officinalis
Pflanzenfamilie: Lippenblütler
Gruppenzugehörigkeit: Blattpflanze
Standort / Boden: Sonniger, warmer Standort, gut durchlässige, steinige, magere Böden.
Aussaat: Direktsaat (März bis Juli) möglich. Besser Jungpflanzen kaufen und ab Mai ins (geschützte) Freiland.
Pflege: Regelmäßig gießen, aber Staunässe vermeiden, ab und zu düngen und im Frühjahr zurückschneiden.
Ernte: Fortlaufend Blätter und Triebspitzen ab Mai. Zum Konservieren (Trocknen) im Sommer schneiden.
Tipp: Am besten im Topf kultivieren, da sehr kälteempfindlich.

GARTEN-THYMIAN

Thymus vulgaris
Pflanzenfamilie: Lippenblütler
Gruppenzugehörigkeit: Blattpflanze
Standort / Boden: Sonnig, durchlässige, sandig-lehmige Böden.
Aussaat: Anzucht / Direktsaat ab April (bis Mitte August).
Pflege: Guten Winterschutz geben und ab und zu mit Kompost versorgen. Nach etwa vier Jahren durch Teilung verjüngen.
Ernte: Fortlaufend Blätter und Triebspitzen ab Mai / Juni. Zum Konservieren (Trocknen) am besten bei Blühbeginn schneiden.
Tipp: Probieren Sie einen Mix aus verschiedenen Arten / Sorten, um einen Eindruck der Thymianvielfalt zu bekommen.

WEITERE KRÄUTER AUS DEM SOMMERGARTEN: **Majoran (Erntezeit ab Mai), Mädesüß (Erntezeit Juni bis August / September), Amarant (Erntezeit Juni bis August / September), Currykraut (Erntezeit Mai bis Juni), Kamille (Erntezeit Mai bis September), Königskerze (Erntezeit Juli bis August), Liebstöckel (Erntezeit Juni bis August / September), Melde (Erntezeit Juni bis August / September), Petersilie (Erntezeit ganzjährig stets junge Blätter), Portulak (Erntezeit ganzjährig, stets junge Blätter), Ringelblume (Erntezeit Juni bis September / Oktober), Schnittlauch (Erntezeit April / Mai bis Juli ohne Blüten).**

[4.]

[5.]

[6.]

[1.]

[2.]

[3.]

BEERENERNTE

Naschobst für Groß und Klein

Im Sommer freut sich sicherlich schon die ganze Familie darauf, endlich die süßen Erdbeeren, Himbeeren, Jostabeeren usw. direkt vom Strauch zu naschen. Sommerzeit ist Beerenzeit!

HIMBEERE [1.]

Rubus idaeus
Gruppenzugehörigkeit: Fruchtpflanze
Sorten: Sommer- und Herbstsorten.
Aussehen: Stachelbesetzter Strauch (bis 200 cm hoch) mit markanten, rötlichen Steinsammelfrüchten, den „Beeren".
Pflanzung / Pflege: Lockerer, nährstoffreicher, gut durchlässiger Boden. Pflanzzeit von April bis September mit Pflanzabstand 48 cm, Reihenabstand 180 cm. Nicht zu tief einsetzen und regelmäßig gießen. Ruten bei Sommerhimbeeren nach der Ernte bodennah abschneiden. Bei Herbsthimbeeren erst im Frühjahr. Besser mulchen als jäten (Flachwurzler).
Inhaltsstoffe: Kalium, Calcium, Vitamin C
Erntezeit: Juni bis Oktober
Erntegut: Beerenfrüchte, Blätter
Verwendung: Frischverzehr, Saft, Marmelade, Kompott, Backwaren, Tee. Leicht konservierbar durch Einfrieren.

BROMBEERE [2.]

Rubus fruticosus
Gruppenzugehörigkeit: Fruchtpflanze
Sorten: Rankende, aufrecht wachsende Sorten mit / ohne Stacheln.
Aussehen: Kletterpflanze (bis zu 3 m hoch) mit gezähnten Blättern, vielen Seitentrieben und zahlreichen weißen bis rosafarbenen Blüten (Juni bis August).
Pflanzung / Pflege: Im März mit Pflanzabstand von 2 bis 3 m in ein Pflanzloch setzen und für eine stabile Kletterhilfe sorgen. Sehr ausbreitungswillig, daher regelmäßig schneiden. Vorzugsweise am Spalier oder Rankgitter kultivieren. Gut mulchen und regelmäßig gießen, ab und zu organisch düngen. Wählen Sie sonnige Standorte und achten Sie auf nährstoffreiche, gut feuchte Böden.
Inhaltsstoffe: Kalium, Vitamin C, Gerb- und Aromastoffe
Erntezeit: Juni bis September
Erntegut: Beerenfrüchte (Sammelsteinfrüchte), Blätter
Verwendung: Frischverzehr, Saft, Marmelade, Kompott, Backwaren, Tee, Likör. Leicht konservierbar durch Einfrieren.

JOHANNISBEERE [3.] UND [4.]

Ribes rubrum
Gruppenzugehörigkeit: Fruchtpflanze
Sorten: Frühe, mittlere, späte Sorten.
Aussehen: Aufrechter Strauch oder Hochstämmchen mit roten, weißen oder schwarzen Beeren *(R. nigrum)* [→4.].
Pflanzung / Pflege: Pflanzung im Herbst mit acht bis zehn starken Trieben. Regelmäßig gießen, Rückschnitt nach der Ernte, besser mulchen als jäten (Flachwurzler).

Inhaltsstoffe: Kalium, Vitamin C, Antioxidanzien
Erntezeit: Juni bis August
Erntegut: Beerenfrüchte (ganze Trauben), Blüten, Blätter
Verwendung: Frischverzehr, Saft, Marmelade, Kompott, Kuchen, zur Parfumherstellung, Tee. Leicht konservierbar durch Einfrieren.

STACHELBEERE [5.]

Ribes uva-crispa
Gruppenzugehörigkeit: Fruchtpflanze
Sorten: Auf hohe Widerstandsfähigkeit gegen Stachelbeermehltau achten.
Aussehen: Kompakter Strauch oder Hochstämmchen mit grünen, gelblichen, rötlichen Beeren und markanten Dornen an den Trieben / Ästen.
Pflanzung / Pflege: Achten Sie auf einen sonnigen bis halbschattigen Standort und lehmhaltige, nährstoffreiche Böden. Mulchen begünstigt die Fruchtausreifung. Rückschnitt nach der Ernte.
Inhaltsstoffe: Kalium, Vitamin C, Calcium, Phosphor
Erntezeit: Juli bis August
Erntegut: Beerenfrüchte
Verwendung: Frischverzehr, Kompott, Marmelade, Backwaren. Leicht konservierbar durch Einfrieren.

ERDBEERE [6.]

Fragaria × ananassa
Gruppenzugehörigkeit: Fruchtpflanze
Sorten: Stetig wachsende Vielfalt. Monats-, Kletter-, Hänge- und Topferdbeeren.
Aussehen: Niedrig und kompakt wachsende, ausläuferreiche Pflanze, mit markanten Beerenfrüchten und langstieligem, grundständigem Laub. Zierliche weiße Blüten.
Pflanzung / Pflege: Ab Ende Juni Jungpflanzen von Mutterpflanzen abtrennen. Beim Einpflanzen darauf achten, dass das Pflanzenherz über der Erde liegt. Achten Sie auf einen sonnigen Standort und humushaltigen, leicht sauren Boden. Vor der Ernte mit Stroh mulchen, danach mit Kompost düngen.
Inhaltsstoffe: Kalium, Magnesium, Eisen, Vitamin C, Folsäure
Erntezeit: Sortenabhängig, die gesamte Saison über.
Erntegut: Beerenfrüchte, junge Blätter.
Verwendung: Frischverzehr, Saft, Marmelade, Kompott, Backwaren, Tee. Leicht konservierbar durch Einfrieren.

JOSTABEERE

Ribes × nidigrolaria
Gruppenzugehörigkeit: Fruchtpflanze
Aussehen: Kreuzung aus Stachel- und Johannisbeere, daher beiden ähnlich. Strauch oder Hochstamm mit tiefschwarzen Beerenfrüchten.
Pflanzung / Pflege: Bei Containerware ganzjährige Pflanzung möglich. Pflanzabstand 150 bis 200 cm, Reihenabstand 180 bis 250 cm. Jostabeeren benötigen lehmhaltige, nährstoffreiche Böden und regelmäßige Wassergaben. Mulchen ist vorteilhaft. Auslichtung bewahrt die Vitalität, alte Triebe dabei möglichst nahe am Boden abschneiden.
Inhaltsstoffe: Vitamin C
Erntezeit: Ab Juni bis Ende Juli
Erntegut: Beerenfrüchte
Verwendung: Frischverzehr, Saft, Marmelade / Konfitüre, Kompott, Likör. Leicht konservierbar durch Einfrieren.

NOCH MEHR BEEREN IM SOMMERGARTEN ERNTEN: Heidelbeere (Erntezeit Juni bis August), Apfelbeere (Erntezeit Mitte August bis Mitte September), Maulbeere (Erntezeit August / September), Maibeere (Erntezeit Mai bis Juni).

[4.]

[5.]

[6.]

HERBSTSAISON

im Biogarten

DER LEUCHTENDE HERBST STEHT GANZ IM ZEICHEN DER ERNTE VON OBST, GEMÜSE UND KRÄUTERN SOWIE DEREN VERARBEITUNG. ABER NOCH EINE WEITERE SCHÖNE UND SEHR WICHTIGE AUFGABE WARTET AUF UNS: DIE ERNTE DER SAMEN. MIT IHR LEGEN WIR DEN GRUNDSTEIN FÜR DAS NÄCHSTE GARTENJAHR UND KÖNNEN ZUR VIELFALT UNSERER KULTURPFLANZEN BEITRAGEN.

DAS IST *wirklich* WICHTIG

[a] UM MÖHRENSAATGUT ZU GEWINNEN, werden im Herbst die Möhren geerntet und über Winter eingelagert. Im März werden die ausgesuchten Samenträgermöhren dann wieder in die Erde gepflanzt. Ein sonniger Standort hilft bei der Samenreife sehr. Der Abstand zwischen den Reihen sollte mindestens 50 cm und in der Reihe 10 cm bis 15 cm betragen.

[b] DER JUNGE MÖHRENAUSTRIEB ist vor Schneckenfraß zu schützen.

[c] IM SOMMER während der Blüte sollten im Umkreis von 500 m keine Wilden Möhren blühen und als Mitbefruchter tätig werden, sonst verliert die Möhre wesentliche Teile der geliebten Eigenschaften wie Farbe und Süße.

[d] DIE SAMENDOLDEN werden abgeerntet, wenn die Samen eine braune Farbe angenommen haben. Zum Nachtrocknen ist es gut, die Samendolden in einen Kopfkissenbezug im Gartenhaus zum Trocknen aufzuhängen. Bevor die Samen zur Aussaat kommen, müssen die einzelnen Samen von den Krallhärchen befreit werden. Dies kann einfach durch Reiben der trockenen Samen in den Handflächen erfolgen.

[a]

[b]

[c]

[d]

SAATGUT ERNTEN

Sortenvielfalt bewahren

Saatgut zu vermehren macht Freude, vertieft das gärtnerische Wissen und ist kostengünstig. Man kann alte und seltene Sorten anbauen und so die im Rückgang begriffene pflanzliche Vielfalt fördern.

Die Samengärtnerei ist eine besonders schöne Seite des Gärtnerns. Für unsere Vorfahren war eigenes Saatgut jahrtausendelang selbstverständliche Praxis. Heute, in Zeiten professionellen Saatgutangebots aus Gartencentern und Co., ist das Wissen fast in Vergessenheit geraten. Das scheinbar vielfältige Angebot im Saatgutständer ist jedoch meist nur eine äußerst begrenzte Auswahl im Vergleich zur regionalen Vielfalt, die noch vor wenigen Jahrzehnten in heimischen Gärten zu finden war. Vielleicht entdecken Sie bei Gartennachbarn, Freunden und Verwandten alte, lokale, wohlschmeckende Sorten, wie rosa Tomaten, gelbe Rettiche, roten Grünkohl, violette Karotten. Ein leidenschaftliches „Sammeln und Jagen" auf diesem Gebiet bereichert nicht nur den eigenen Garten, sondern hilft, unsere bedrohte Sortenvielfalt zu bewahren und alte, lokale Sorten zu fördern.

SAMENFESTES SAATGUT ERNTEN

Um eigenes, vermehrungsfähiges Saatgut zu gewinnen, brauchen Sie samenfeste Mutterpflanzen (siehe S. 42). Bei alten Sorten und Biosorten ist dies grundsätzlich der Fall, die Nachzüchtung also kein Problem. Moderne Hybridpflanzen vererben im Gegensatz zu samenfesten Pflanzen in der Regel nicht die gewünschten Eigenschaften, oder es bilden sich erst gar keine Samen. Nur schöne, gesunde, sortentypische Exemplare eignen sich, um Samen davon zu gewinnen. Die ausgesuchte (samenfeste!) Pflanze sollte möglichst schon unter biologischen Bedingungen gewachsen sein.

So geht's

Lassen Sie die gewünschte Pflanze zur Blüte und zur Samenreife kommen, bis die Samen fast ganz ausgetrocknet sind und sie fast von selbst abfallen. Schneiden Sie die reifen Samenstände vorsichtig ab und lassen Sie diese einige Zeit nachtrocknen. Reiben Sie die Samen aus und geben Sie sie in Tütchen oder Briefumschläge, die Sie zuvor mit dem Erntejahr und dem Sortennamen beschriftet haben. Geben Sie die Samentütchen zum Schutz vor Insektenfraß zusätzlich in Schraubgläser, die Sie ebenfalls beschriften. Bewahren Sie die Gläser an einem kühlen, trockenen und dunklen Ort auf.

SAMEN VON BLUMEN

Auch Blumen wie Mohn, Stockrosen, Astern, Margeriten etc., können Sie leicht und kostengünstig über Samen vermehren. Hier können Sie sich übrigens das Samenausreiben sparen, denn die geernteten, reifen und nachgetrockneten Kapseln sowie Samenstände dürfen im Herbst des Erntejahres komplett in den Boden gesteckt werden. Wenn Sie sich im nächsten Jahr über längere Zeit an einer oder mehreren Blumenarten erfreuen wollen, geben Sie im Herbst die Samen mehrmals, jeweils zeitversetzt nach etwa einer Woche, in den Boden. So blühen Ihre Lieblingsblumen im nächsten Sommer besonders lange.

ALS LEICHTER EINSTIEG EIGNEN SICH KÜCHENKRÄUTER **wie Dill, Borretsch und Kresse. Die Blütenstände bleiben so lange stehen, bis sie fast ganz ausgetrocknet sind und die Samen fast von selbst abfallen.**

[a]

DAS IST *wirklich* WICHTIG

[a] BEI DER HERBSTERNTE unserer Kartoffeln bewahren wir kleine Exemplare für die Anzucht im nächsten Frühjahr auf. Vorgekeimte Kartoffeln bieten im nächsten Jahr durch das zügigere Wachstum gute Voraussetzungen für den gewünschten Ertrag.

[b] ZUM ANKEIMEN legen wir die Pflanzkartoffel ca. drei bis vier Wochen vor dem Pflanztermin an einen warmen, hellen Ort mit maximal 20 °C. Der Eierkarton kann hier gute Dienste leisten.

[c] BEIM AUSPFLANZEN der vorgekeimten Knollen ist Vorsicht geboten, damit die jungen Triebe nicht abbrechen.

[d] SAATKARTOFFELKNOLLEN sollten immer flach, d. h. nicht tiefer, als die Knolle dick ist, in die Erde gelegt werden. Der Damm, unter dem die Kartoffeln weitergedeihen, wird im Laufe der Vegetation mit Anhäufeln in die Höhe aufgebaut.

[b]

[c]

[d]

EIGENE KARTOFFELN

Ernten, lagern, vorkeimen und wieder auspflanzen

Kartoffeln sind eine ideale Kultur für Gartenanfänger. Wer im Herbst nach der Ernte nicht alle seine Knollen zu leckeren Gerichten verarbeitet, kann kleine Exemplare lagern und im nächsten Frühjahr daraus eigene, neue Kartoffeln heranziehen.

Da es von Kartoffeln eine große Sortenvielfalt gibt, die jedoch heute vielfach nicht mehr im Handel erhältlich ist, kann es besonders lohnend sein, diese tolle Knolle in den eigenen Garten zu holen und fürs nächste Frühjahr Saatkartoffeln zurückzubehalten.

KARTOFFELERNTE

Nach dem Erntetermin teilt man Kartoffeln in frühe, mittelfrühe und späte Sorten ein. Frühe Kartoffeln werden geerntet, sobald sie in der Blüte stehen, bei Spätkartoffeln erfolgt die Ernte erst, wenn das Kraut abgestorben ist (ab Mitte September).

EIGENE SAATKARTOFFELN

Um nach der Ernte eigene Saatkartoffeln zu gewinnen, behält man kleine Kartoffeln zurück [→a] und lagert sie an einem möglichst kühlen und dunklen Ort bis Februar ein.

Das Vorkeimen

Frühe Sorten müssen, mittelfrühe und späte Sorten können, müssen jedoch nicht vorgekeimt werden. Das Vorkeimen empfiehlt sich, damit die Kartoffeln einen Wachstumsvorsprung von etwa vier Wochen erhalten.
Zum Vorkeimen werden die Kartoffeln auf einen Eierkarton gelegt und an einen zimmerwarmen, sonnigen Platz gestellt.

Beginnen Sie etwa drei Wochen vor dem geplanten Pflanztermin mit dem Vorkeimen [→b]. Die Knollen bilden in dieser Zeit dann ca. 1 cm lange, gefärbte Keime aus [→c]. Frühkartoffeln können bereits ab April ausgepflanzt werden, empfehlenswert ist jedoch das Auspflanzen erst ab Anfang Mai, wenn der Gartenboden schon etwas wärmer ist.

AB INS BEET

Bevor die vorgekeimten Kartoffeln im Frühjahr wieder ins Beet kommen, sollte das Hornmist-Präparat ausgebracht werden, siehe S. 36. Bestenfalls verfügen Sie auch über ein Beet, auf dem zuvor eine Gründüngung angepflanzt war, die nun oberirdisch abgemäht und dann untergeharkt wird (siehe S. 89). Setzen Sie die Saatkartoffeln in einem Abstand von 60 cm in die Reihe, der Reihenabstand beträgt 30 cm. Die Knollen kommen etwa 10 cm tief in den Boden [→d] und werden dann angehäufelt, d. h., man setzt sie in sogenannte Dämme. Sobald sich das erste Grün (Kraut) zeigt, wird das Anhäufeln wiederholt, damit keine grünen Stellen an den Knollen entstehen. Kontrollieren Sie Ihre Kartoffeln auf Kartoffelkäfer und Krautfäule. Bei Krautfäule wird vorbeugend Schachtelhalm-Brühe ausgebracht, siehe S. 151. Um ein Schaden durch Kartoffelkäfer zu vermeiden, sollten wir die Blattunterseiten der Pflanzen immer nach Eigelegen untersuchen und ggf. das gesamte Blatt entfernen.

KARTOFFELN FÜR BALKONGÄRTNER. **Kartoffeln können auch auf Balkon und Terrasse in Gefäßen ab etwa 50 cm Durchmesser herangezogen werden. Dafür befüllt man die Kübel zum Bepflanzen etwa zur Hälfte mit Substrat und füllt die restliche Erde auf, sobald das Kraut ca. 20 bis 30 cm hoch ist.**

EINLAGERN

Die Besten kommen an die Leine

Im Garten gibt es immer etwas zu ernten. Einige der Letzten im Beet sind unsere Wurzelgemüse und Kohlpflanzen. Wir können sie auf vielfältige Weise im Herbst einlagern.

WER KOMMT INS LAGER?

Bei Gemüse, das wir in der Gärtnerei lange im Lager halten möchten, z. B. Kartoffeln, Möhren, Rote Bete und sonstiges Wurzelgemüse, blicke ich sehr genau in den „Sternenkalender" und verwende für die Ernte, sofern das Wetter mitspielt, immer Wurzeltage (auch bei Blattkräutern).
Was sich bei uns in der Gärtnerei als gute Praxis bewährt hat, ist, diesem Gemüse ca. vier Wochen vor dem eigentlichen Erntezeitpunkt nochmals an einem Wurzeltag gegen Abend eine Hornkieselanwendung zu geben. Wenn Sie dies an drei Abenden hintereinander durchführen, können Sie Geschmack und Haltbarkeit im Lager positiv beeinflussen.
Zum Einlagern verwenden wir nur beste Qualität, Gemüse mit kleinen Fehlern wird aussortiert und schnell verzehrt. Dadurch wird eine mögliche Ansteckung verhindert und der Verlust im Lager lässt sich verringern. Wichtig ist außerdem, dass das Lagergemüse nicht gewaschen oder „sauber geschabt" wird. Lassen Sie stattdessen geringe Erdmengen anhaften, denn die Erdreste sind ein guter Schutz gegen das Austrocknen.

FRÜHBEETE ALS LAGERPLATZ

Wer über ein Frühbeet verfügt, kann Gemüse darin „lagern". Kohlgewächse, Lauch, Zuckerhut und Endivien können als ganze Pflanze mit dem Wurzelstrunk „eingeschlagen" werden. Das bedeutet, Sie pflanzen den Kohl, den Sie aus Ihrem Freilandbeet mit einem kleinen Wurzelballen ausgegraben haben, dort auf engem Raum wieder ein. Die einzelnen Pflanzen dürfen sich gerne berühren. Um den Kasten vor Frost zu schützen, sollten Sie ihn z. B. mit einer Luftpolsterfolie bedecken. Bei starker Sonne ist auch im Herbst für eine gute Durchlüftung zu sorgen (siehe S. 135).

KOHL AN DER LEINE

Es gibt eine Reihe von Gemüsearten, die auch in einem ganz „normalen" Keller gelagert werden können, sofern er kühl genug ist. Kohlköpfe z. B. können Sie am Strunk, immer zu zweit zusammengebunden, an einer Art „Wäscheleine" aufbewahren. Genauso können Sie auch mit Zuckerhut verfahren. Dieser sollte jedoch noch etwas Wurzeln haben, damit man ihn anbinden kann. Achten Sie beim Zuckerhut darauf, dass die Wurzelreste keine Erde mehr haben, da dies sonst seine Lagerfähigkeit beeinträchtigt.

SCHICHTEN IN SAND

Eine praktische Lagermethode ist das Einschichten in Sand. Hierzu wird eine Kiste mit feuchtem Sand in den Keller gestellt und darin das Wurzelgemüse schichtweise eingelegt, d. h., nach jeder Schicht Gemüse kommt eine Schicht Sand. Den Abschluss bildet eine Sandschicht, auf die eine Folie gelegt wird, damit das Gemüse nicht austrocknet. Achten Sie darauf, dass Sie die Feuchtigkeit von Zeit zu Zeit überprüfen und den Sand im Bedarfsfall wieder mit etwas Wasser anfeuchten.

WICHTIGE ARBEITEN IM HERBSTGARTEN

Allgemeine Arbeiten

- Frei gewordene Flächen mit Spinat oder Überwinterungsgründüngung einsäen, siehe S. 89.
- Für die Präparateherstellung Anschluss an eine Demetergartengruppe suchen (um Michaeli herum), siehe S. 35.
- Letzte Gabe des Hornmist-Präparats, siehe S. 36.
- Auf auffälligen Mäusebefall/-fraß achten.
- Samen trocknen und aufbewahren.

Gemüsegarten

- Im frühen Herbst Möhren und Lagergemüse eine Hornkieselgabe zukommen lassen.
- Empfindliche Pflanzen vor Nachtfrösten schützen (Auberginen, Paprika, Tomaten, Zucchini).
- Rhabarber teilen und neu auspflanzen.
- Flächen, die für erste Kulturen, z. B. Möhren, gebraucht werden, im Herbst mit Mulchschicht bedecken.
- Ab Oktober / November Schachtelhalmspritzung als Pilzvorbeugung fürs kommende Jahr, siehe S. 151.
- Für Treiberei ab Oktober Chicorée ernten, siehe S. 179.

Kräutergarten

- Ernte
- Trocknung und Konservierung.
- Kompakte Wurzelstöcke teilen und neu einpflanzen.

Obstgarten

- Brombeeren schneiden, Himbeeren auslichten.
- Frostspannerraupen mit Wellpappenringen oder Leimringen bekämpfen.
- Obst ernten und Äste abstützen.
- Wasserschosse (aufrecht wachsende Wildtriebe) entfernen.

Ziergarten

- Pflanzzeit für Bäume und Sträucher, siehe S. 59.
- Zwiebelblumen wie Dahlien und Canna überwintern.

IM GLASHAUS **Wenn Sie ein Gewächshäuschen haben, können Sie dort ebenfalls problemlos Lauch, Zuckerhut, Endivien und Kohl einschlagen und so in einer Frostphase etwas ernten. Je nach Gewächshaustyp sollten Sie aber auch hier bei Bedarf mit Noppenfolie abdecken. An sonnigen Frühlingstagen ist es wichtig, das Gewächshaus gut zu lüften, denn die ersten Sonnenstrahlen erwärmen es sehr schnell und diese „Temperatur-Achterbahn" wäre nicht gut für das Gemüse.**

[1.]

[2.]

[3.]

[4.]

HERBSTGEMÜSE

Kohl und Co.

Im Herbst sind die meisten Kohlarten im Gartenbeet reif. Viele Wurzelgemüse gesellen sich mit in den Erntekorb und können verarbeitet oder auch haltbar gemacht werden.

SPEISEZWIEBEL [1.]

Allium cepa var. *cepa*
Gruppenzugehörigkeit: Wurzelpflanze
Sorten: Große Fülle an verschiedenen Geschmacksnuancen, Zwiebelfärbungen (braun, weiß, gelblich, rötlich) und Fruchtformen (länglich, bauchig). Darüber hinaus viele weitere *Allium*-Arten mit ähnlichen Eigenschaften.
Aussehen: Ausdauernd, krautige Pflanze mit aufrechtem Wuchs, doldenförmigen Blütenständen und spitz-lanzettlichen, grundständigen Laubblättern.
Aussaat: Direktsaat ins Freiland von März bis Ende April, Steckzwiebeln ab Ende März. Für Winterkultur Aussaat im August, Steckzwiebeln oder Jungpflanzen im September. Achten Sie auf einen durchweg lockeren, nicht zu feuchten Boden.
Erntezeit: April (überwinterte Zwiebeln), regulär ab August, Beginn mit Umknicken der Blätter. Überwinternde Zwiebeln vorzugsweise abdecken (Stroh, Reisig).

ROT-, WEISSKOHL [2.]

Brassica oleracea var. *capitata*
Gruppenzugehörigkeit: Blattpflanze
Aussehen: Kohlgemüse mit markanten Blättern, die zum typischen „Kohlkopf" heranwachsen. Färbung beim Rotkohl abhängig vom pH-Wert des Bodens.
Aussaat: Voranzucht im März, ab Mai auspflanzen. Reihenabstand 50 cm, Pflanzabstand 60 cm. Regelmäßig organisch düngen, gießen und mulchen.
Erntezeit: Ab Juni/Juli bis Oktober/November. Frühsorten mit Vlies/Folie schützen.

KÜRBIS [3.]

Cucurbita maxima
Gruppenzugehörigkeit: Fruchtpflanze
Sorten: Riesige Fülle an Sorten unterschiedlichster Formen. Besonders farbenfroh: Zierkürbisse.
Aussehen: Je nach Sorte rankend, buschig, niederliegend wachsend. Immense Blattmasse und unverkennbare Beerenfrüchte, die Kürbisse. Sehr oft attraktive Blüten (Bienenweide).
Aussaat: Anzucht im April, Pflanzung etwa ab Mitte/Ende Mai möglich. Achten Sie auf gute Nährstoffversorgung. Pflanzabstand mindestens 200 × 150 cm.
Erntezeit: Sortenabhängig. Winterkürbisse im Herbst (gut lagerfähig), Sommerkürbisse („Gartenkürbisse") etwa ab Juni erntereif.
Erntegut: Kürbiskerne, Kürbisse mit Fruchtfleisch.

MÖHRE [4.]

Daucus carota

Gruppenzugehörigkeit: Wurzelpflanze
Aussehen: Zweijährige Pflanze mit gefiederten Blättern. Bis 150 cm hoch, cremefarbene Blüten.
Aussaat: Reihenabstand von 15 bis 25 cm, untereinander etwa 3 bis 7 cm. Gleichmäßig feucht halten und sorgfältig jäten.
Erntezeit: Mai bis Oktober

KARTOFFEL [5.]

Solanum tuberosum

Gruppenzugehörigkeit: Wurzelpflanze
Sorten: Frühe, mittlere, späte, fest-/mehlig kochende, verschiedenfarbige Knollen.
Aussehen: Aufrecht wachsende, stattliche, bis zu 100 cm hoch werdende Pflanze mit markanten, weißen Trugdoldenblüten.
Pflege: Staunässe vermeiden, regelmäßig hacken, stets genügend Kompost/Stallmist untermischen. Ab einer Wuchshöhe von etwa 15 cm sollten Sie die Erde um die Jungpflanzen anhäufeln.
Erntezeit: Juni bis Oktober. Frühkartoffeln mit noch grünen Blättern, späte Sorten nach der Blattwelke.

WIRSING [6.]

Brassica oleracea var. *sabauda*

Gruppenzugehörigkeit: Blattpflanze
Sorten: Früh-, Sommer- und Wintersorten.
Aussehen: Kohlpflanze mit markant gewellten, gelblich bis grünen Blättern in einer Blattrosette, die sich an einem starken Strunk befindet.
Aussaat: Vorkultur ab Februar bis Ende Mai, Direktsaat ab April, 50 × 50 cm Pflanzabstände. Für Winterwirsing im Juni Vorkultur und Auspflanzen im Juni/Juli.
Erntezeit: Beginnt im Juni und dauert bis zum Februar des kommenden Jahres an. Frühsorten mit Vlies/Folie schützen, gut feucht halten, regelmäßige Bodenbearbeitung; mehrmals düngen.

ROTE BETE [7.]

Beta vulgaris ssp. *vulgaris* var. *vulgaris*

Gruppenzugehörigkeit: Wurzelpflanze
Sorten: Je nach Rübenform (rundlich, länglich) oder Fruchtfleischfarbe (rot, gelb, rot-weiß geringelt). „Baby-Beets" für die Früherernte.
Aussehen: Zweijährige Pflanze mit rötlichen Stängeln und markanten Blättern.
Aussaat: Direktsaat ab Mitte April bis Mitte Juni, Saattiefe 3 bis 4 cm, Reihenabstand 25 bis 30 cm, Pflanzenabstand 8 bis 12 cm. Baby-Beets in Abständen von vier Wochen aussäen.
Erntezeit: Ab Ende Juni bis Oktober/November. Nur vorsichtig hacken, da die Rüben leicht beschädigt werden können. Gut feucht halten.

HAFERWURZEL [8.]

Tragopogon porrifolius

Gruppenzugehörigkeit: Wurzelpflanze
Sorten: Seltenes, altes Gemüse.
Aussehen: Ein- oder zweijähriges, krautiges Wurzelgemüse (bis etwa 120 cm hoch) mit purpurfarbenen Zungenblüten von Juni bis Juli. Bildet eine starke Pfahlwurzel aus.
Aussaat: Ab Mitte März bis Ende April, leicht zu kultivieren. Keimt sehr rasch, meist nach acht bis zehn Tagen.
Achten Sie auf eine stets gute Wasser- und Nährstoffversorgung, meiden Sie sauren Boden. Bevorzugt sonnige Lagen.
Erntezeit: Ab September bis Anfang November.

WEITERE GEMÜSE AUS DEM HERBSTGARTEN: **Fenchel (Erntezeit August bis Oktober), Rettich (Erntezeit Mai bis Oktober), Meerrettich (Erntezeit September bis April des kommenden Jahres), Topinambur (Erntezeit Oktober bis März des kommenden Jahres), Zuckerwurzel (Erntezeit Oktober bis März des kommenden Jahres).**

[5.]

[6.]

[7.]

[8.]

[1.]

[2.]

[3.]

KRÄUTER

aus dem Herbstgarten

Im Herbst erfreuen uns viele Kräuter mit ihren tollen Samen- und Fruchtständen. Wenn wir nicht alle direkt verbrauchen, können wir die Samen für das nächste Jahr verwahren.

EBERRAUTE [1.]

Artemisia abrotanum

Gruppenzugehörigkeit: Blattpflanze
Aussehen: Als Halbstrauch oder ausdauernd krautige Pflanze wachsend, bis ca. 150 cm hoch, stark verzweigt; gefiederte, wintergrüne Blätter.
Pflanzung / Pflege: Stecklinge im Sommer, Teilung im Herbst. Wenig düngen, erst nach Jahren zurückschneiden. Gedeiht am besten auf trockenen, durchlässigen und kalkhaltigen Böden.
Inhaltsstoffe: Ätherisches Öl, Abrotanin
Erntezeit: Über die Sommermonate.
Erntegut: Junge Triebspitzen.
Verwendung: Heil- und Würzkraut (frisch oder getrocknet). Regt die Magen- und Gallensaftsekretion an. Sehr sparsam verwenden.

BOHNENKRAUT [2.]

Satureja

Gruppenzugehörigkeit: Blattpflanze
Sorten: Sommer-, Zitronen- und Berg-Bohnenkraut sowie Purpur-Bohnenkraut.
Aussehen: Buschiger Wuchs, lanzettliche Blätter, stark verzweigt, zahlreiche kleine Lippenblüten (weiß, purpurfarben) von Juli bis Oktober.
Pflanzung / Pflege: Aussaat im Frühjahr. Gießen Sie während Trockenperioden regelmäßig und lockern Sie häufig den Boden, um stets frische Blätter ernten zu können. Leichte, nährstoffreiche Böden.
Inhaltsstoffe: Ätherische Öle (pfeffrig, zitronig)
Erntezeit: Juli bis September
Erntegut: Junge Blätter und Triebspitzen. Zum Konservieren diese jeweils vor der Blüte schneiden.
Verwendung: Als intensives Würzkraut vielseitig verwendbar. Wirkt verdauungsfördernd.

ESTRAGON [3.]

Artemisia dracunculus

Gruppenzugehörigkeit: Blattpflanze
Sorten: Französischer, Deutscher und Russischer Estragon. Der Letztere ist am robustesten, aber recht herb im Geschmack.
Aussehen: Aufrecht, buschig wachsendes Kraut; bis ca. 90 cm hoch, lanzettliche Blätter, unauffällige gelbe Blüte von Mai bis September.
Pflanzung / Pflege: Teilung des Wurzelstockes oder Stecklinge. Achten Sie auf einen nahrhaften, gut feuchten Boden.
Inhaltsstoffe: Ätherisches Öl (Anisaroma)
Erntezeit: Mai / Juni bis September

Erntegut: Junge Blätter und Triebspitzen. Kurz vor der Blüte geschnitten, lässt er sich am besten konservieren.
Verwendung: Aromatisches Würzkraut, charakteristischer Kräuteressig.

GEWÜRZ-FENCHEL [4.]

Foeniculum vulgare ssp. *vulgare* var. *dulce*
Gruppenzugehörigkeit: Fruchtpflanze
Aussehen: Zweijährige/ausdauernde, bis 180 cm hohe Gemüse-, Gewürz- und Heilpflanze mit stielrunden Stängeln, gefiederten Laubblättern und attraktiven Blütenständen (Doppeldolden).
Pflanzung/Pflege: Aussaat im Frühjahr, Wurzelteilung im Herbst. Ein warmer Standort, nährstoffreicher, basenreicher Lehm-/Lößboden sind nötig, um gut ausgereiften Dill ernten zu können.
Inhaltsstoffe: Etliche ätherische Öle, Kalium, Kieselsäure, Vitamin A, B und C
Erntezeit: Juni bis September
Erntegut: Knollen, Samen, Blätter, Pollen.
Verwendung: Als traditionelle Beilage zu Fisch, als fein aromatisches Salatgewürz (gehackte Blätter), als Aromastoff in Getränken (Absinth).

BORRETSCH [5.]

Borago officinalis
Gruppenzugehörigkeit: Blatt- und Blütenpflanze
Aussehen: Aufrecht wachsende, markant behaarte Gewürz- und Heilpflanze (bis ca. 80 cm hoch) mit zahlreichen blauen Blüten. Auch als Gurkenkraut bekannt. Optisch sehr ansprechendes Kraut. Bienenweide.
Pflanzung/Pflege: Direktsaat im April Borretsch vermehrt sich dann recht zügig durch Selbstaussaat. Ein stetes Auslichten der Sämlinge ist empfehlenswert.
Inhaltsstoffe: Ätherisches Öl, Saponin, Vitamin C, etliche Giftstoffe (Leber)
Erntezeit: Von Mai bis August können Sie fortlaufend Blätter ernten.
Erntegut: Blätter, Blüten
Verwendung: Essbare Blüten! Vor allem zur Verfeinerung verschiedener Speisen. Nur in kleinen Mengen verzehren!

DILL [6.]

Anethum graveolens
Gruppenzugehörigkeit: Fruchtpflanze
Aussehen: Aufrechter Wuchs (bis 90 cm), oberer Stängelbereich stark verzweigt, attraktive Blütenstände (Doppeldolden)!
Pflanzung/Pflege: Direktsaat von April bis Juni, danach sät sich Dill meist selbst aus. Regelmäßig gießen und Boden lockern.
Inhaltsstoffe: Ätherisches Öl, Kalium, Calcium
Erntezeit: Juli bis September. Die Blätter können fortlaufend bis zum ersten Frost geerntet werden, Blütenstände zum Blühbeginn.
Erntegut: Junge Blätter, Blütenstände
Verwendung: Sehr aromatisches Würzkraut. Vielfältig verwendbar, z. B. zum Einlegen von Gurken. Ideal auch als Tee bei Verdauungsproblemen.

WEITERE HERBSTKRÄUTER: Salbei (Erntezeit Juni bis September), Kerbel (Erntezeit ganzjährig, stets Blätter von noch nicht blühenden Pflanzen), Gänsefingerkraut (Erntezeit Juni bis September), Dost (Erntezeit Juli bis September), Kapuzinerkresse (Erntezeit Juli bis Oktober).

[4.]

[5.]

[6.]

[1.]

[2.]

[3.]

OBSTGEHÖLZE

Fruchtige Vitamine

Es gibt viele Obstarten, die bei uns wachsen. Quitte, Sanddorn und Schlehe gehören zum sogenannten Wildobst. Es zeichnet sich durch ein intensives Aroma aus.

QUITTE [1.]

Cydonia oblonga

Gruppenzugehörigkeit: Fruchtpflanze
Sorten: Apfel- oder Birnenquitten, meist selbstfruchtbar, zudem blühstarke Zierquitten.
Aussehen: Wertvoller Großstrauch, Buschbaum oder Halbstamm mit markanten, apfelähnlichen Früchten. Blüte: Mai bis Juni.
Pflege: Die Früchte reifen am besten an einem sonnigen, warmen und geschützten Standort aus. Tiefgründige, humose, lehmhaltige Böden sind ideal. Öfter auslichten. Mulchen der Baumscheibe und leichter Winterschutz von Jungpflanzen sind vorteilhaft.
Inhaltsstoffe: Kalium, Zink, Eisen, Vitamin C, sekundäre Pflanzenstoffe
Erntezeit: Oktober
Erntegut: Sammelbalgfrucht (Apfelfrucht), die nach der Ernte noch ca. drei Wochen nachreifen muss.
Verwendung: Marmelade / Konfitüre, Likör, Saft, Backwaren

SANDDORN [2.]

Hippophae rhamnoides

Gruppenzugehörigkeit: Fruchtpflanze
Sorten: Wildform. Stets männliche und weibliche Sorten kombinieren (Befruchtung).
Aussehen: Sommergrüner Strauch (bis 6 m hoch). Die gelblichen Blüten erscheinen vor dem Laubaustrieb im April / Mai. Tiefreichende Wurzel, weidenähnliche Blätter.
Pflege: Beste Fruchtausbildung auf sandigen, durchlässigen, kalkhaltigen Böden in sonniger Lage.
Inhaltsstoffe: Vitamin C, Vitamin E, Vitamin B_{12}, Betacarotin, ätherische Öle, Aminosäuren
Erntezeit: September bis November
Erntegut: Schein-Steinfrüchte
Verwendung: Marmelade / Konfitüre, Likör, Saft, Tee

SCHLEHE [3.]

Prunus spinosa

Gruppenzugehörigkeit: Fruchtpflanze
Aussehen: Weißblütiger Strauch oder kleiner Baum (bis 4 m hoch) mit markanten Dornen und kleinen, dunkelblauen Steinfrüchten. Blüte: März bis April, vor dem Laubaustrieb.
Pflege: Auf sonnigen, kalkhaltigen, steinigen Standorten mit nährstoffarmen Böden am besten zu kultivieren.
Inhaltsstoffe: Vitamin C, Bitter- und Gerbstoffe, Aminosäuren
Erntezeit: Ab Oktober bis November / Dezember. Nach dem ersten Frost schmackhafter.

Erntegut: Steinfrüchte
Verwendung: Marmelade / Konfitüre, Likör, Saft, Zusatzstoff in der Pharmaindustrie, Blüten und Extrakte in der Pflanzenheilkunde.

MISPEL [4.]

Mespilus germanica
Gruppenzugehörigkeit: Fruchtpflanze
Sorten: Schon seit Langem kultiviert, daher etliche, gute, vitale Sorten erhältlich.
Aussehen: Kleinwüchsiger Baum (bis 5 m hoch) mit unregelmäßig geformtem Stamm und breit ausladender Krone. Die weißen Blüten erscheinen für kurze Zeit im Mai.
Pflege: Nach dem ersten Frost schmackhafter. Relativ anspruchslos, aber wärmeliebend. Die Mispel bevorzugt lehmhaltige, frische und gut durchlässige Böden.
Inhaltsstoffe: Kalium, Calcium, Vitamin C
Erntezeit: Ab Oktober bis November / Dezember
Erntegut: Apfelfrüchte
Verwendung: Marmelade / Konfitüre, Gelee, als Extrakt in der Pflanzenheilkunde, wertvolles Holz.

EBERESCHE [5.]

Sorbus aucuparia
Gruppenzugehörigkeit: Fruchtpflanze
Sorten: Weniger bitter als die reine Art ist die Mährische Eberesche *(S. aucuparia.* var. *moravica)*.
Aussehen: Standorttolerantes Landschaftsgehölz mit gefiederten Blättern, weißen Blüten (Mai bis Juni) in schirmförmigen Rispen und markanten „Beerenfrüchten".
Pflege: Recht anspruchslos, aber Sie sollten auf einen sonnigen bis halbschattigen Standort achten.
Inhaltsstoffe: Vitamin C, Provitamin A, Sorbit, Apfelsäure, Gerbstoffe, Parasorbinsäure
Erntezeit: August bis Oktober
Erntegut: Apfelbeeren (gelblich bis rötlich)
Verwendung: Wein, Konfitüre, Gelee, Likör

MINI-KIWI [6.]

Actinidia arguta
Gruppenzugehörigkeit: Fruchtpflanze
Sorten: Stets männliche und weibliche Sorten zusammenpflanzen, um Bestäubung zu sichern. Sehr frosthart ist die Sorte 'Weiki', die als Bayern-Kiwi bezeichnet wird.
Aussehen: Ausdauernde Schlingpflanze 5 bis 7 m hoch mit weißen bis cremefarbenen Blüten von Mai bis Juni, sehr robust. Bildet glattschalige Früchte (ohne Haare!). Man braucht stets weibliche und männliche Pflanze.
Pflege: Sonnig bis halbschattiger Standort. Auslichtungsschnitt alle zwei bis drei Jahre.
Erntezeit: Oktober bis November
Erntegut: Glattschalige, stachelbeerartige grüne oder rote Früchte. Kann mit Schale gegessen werden.
Verwendung: Frischverzehr, Salat, Marmelade / Konfitüre

KORNELKIRSCHE

Cornus mas
Gruppenzugehörigkeit: Fruchtpflanze
Sorten: Große Sortenvielfalt mit unterschiedlichen Blüten- und Fruchtfarben sowie Blattfärbungen).
Aussehen: Kompakt bleibender Großstrauch oder Kleinbaum (3 bis 8 m hoch) mit goldgelben Blüten (Februar bis April) und kirschähnlichen Früchten.
Pflege: Ideal sind sonnige, warme Standorte und kalkreiche, durchlässige, nährstoffreiche Böden.
Inhaltsstoffe: Vitamin C, Apfelsäure, Fruchtzucker
Erntezeit: Ab August bis Ende September. Ernten Sie nur voll ausgereifte, fast überreife Früchte.
Erntegut: Kornelkirschen (auch Kornellen)
Verwendung: Frischverzehr, Saft, Wein, Likör, Kompott, Marmelade / Konfitüre

[4.]

[5.]

[6.]

WINTERSAISON

im Biogarten

IM WINTERLICHEN GARTEN IST RUHE EINGEKEHRT. DAS ERNTEN DER LETZTEN WINTERGEMÜSE, DIE LAGERKONTROLLE, FROSTSCHUTZ SOWIE GEHÖLZSCHNITT STEHEN NUN IN UNSEREM GARTENKALENDER. DOCH AUCH DAS NEUE GARTENJAHR KLOPFT SCHON LEISE AN UND WIR HABEN ZEIT, UNS AUSGIEBIG MIT DESSEN PLANUNG ZU BESCHÄFTIGEN.

[a]

DAS IST *wirklich* WICHTIG

[a] DIE CHICORÉEPFLANZE wird ab Oktober geerntet. Die Rübe hat eine Länge von ca. 18 bis 20 cm. Die geernteten Wurzeln lassen sich an einem kühlen, frostfreien Ort aufbewahren.

[b] DAS BLATTWERK wird bei ca. 2 cm über dem Wurzelansatz abgeschnitten.

[c] DAS BLEICHEN ERFOLGT IN ETAPPEN, damit immer frisch geerntet werden kann. Die gewachsenen Kolben werden durch Brechen von den Wurzeln entfernt. Die Wurzel kann kein weiteres Mal getrieben werden, jedoch fressen verschiedene Haustiere die Wurzeln sehr gerne.

[b]

[c]

CHICORÉE

Wintergemüse bleichen

Wer im Mai die anspruchslosen Chicoréepflanzen ausgesät hat, kann jetzt aus den Wurzelrüben ein herrliches Wintergemüse im Keller bleichen und in der kalten Jahreszeit genießen.

ERNTEZEIT

Chicorée wächst im Sommer recht anspruchslos zu einem robusten Gemüse heran. Von Oktober bis November heißt es dann: Erntezeit! Die langen Rübenwurzeln werden geerntet, wenn sie etwa 3 bis 6 cm stark sind [→a]. Man holt sie am besten mit der Grabegabel aus dem Boden, um die Rüben möglichst nicht zu verletzen. Die Blätter werden nun auf etwa 2 cm Länge eingekürzt (das Pflanzenherz dabei nicht verletzen) [→b], das Schnittgut kommt auf den Kompost oder kann an Kleintiere verfüttert werden. Zum Abtrocknen lässt man die Rüben dann noch einige auf dem Beet liegen – leichter Frost kann die Triebwilligkeit der Pflanzen fördern. Danach werden die Rüben kühl gelagert, z. B. im Gartenschuppen oder Keller. Tipp: Achten Sie bei der nächsten Aussaat im Frühjahr auf einen ausreichenden Reihenabstand von 30 cm. Die Aussaat in der Reihe sollte sehr dünn erfolgen (6 bis 7 cm), da sich nur so kräftige Wurzeln und robuste Pflanzen entwickeln. Diese sind entscheidend für das spätere Bleichen und Treiben. Ist die Aussaat doch einmal etwas zu dicht erfolgt, können wir später auf einen Pflanzabstand von 8 cm in der Reihe vereinzeln, siehe S. 49.

DIE TREIBEREI

Von November bis März werden die Wurzeln dann in Erde gesetzt und treiben etwa 20 cm lange und 5 cm breite Knospen aus [→c]. Um die Bitterstoffe der Pflanzen zu vermindern, erfolgt die Treiberei in absoluter Dunkelheit, d. h., sie werden gebleicht.

So geht's

Ab November können die Chicoréerüben aus dem Lager wieder herausgeholt werden. Man kürzt nun die Wurzeln auf etwa 18 bis 20 cm ein und setzt sie in einen großen Kübel mit Erde (bei größeren Erntemengen in Etappen, um im Winter immer frischen Chicorée ernten zu können). Geben Sie noch etwas Erde über Ihre Rüben und wässern Sie die Pflanzen.
Da die Treiberei mit dem Bleichen nur in absoluter Dunkelheit erfolgen kann, wird am besten ein zweiter Topf über das Pflanzgefäß gestülpt. Oder Sie decken einen wirklich dunklen und blickdichten Stoff über das Gefäß und stellen es in einen warmen Kellerraum. Das Gefäß sollte bei beiden Varianten an einem warmen Ort (ca. 15 bis 20 °C) stehen.
Nach etwa drei Wochen kann der erste Salat geerntet werden.

ZICHORIEN-KAFFEE. Chicorée stammt von der Gemeinen Wegwarte ab, die bei uns hauptsächlich als Wildpflanze bekannt ist. Aus ihr wurden auch Sorten gezüchtet, deren Wurzeln früher als Kaffee-Ersatz geröstet wurden.

WINTERZEIT

Planen für das neue Gartenjahr

Es stehen nur noch wenige Arbeiten in unserem Gartenkalender. Wir können die frischen Vitamine unseres Wintergemüses genießen und uns in Ruhe mit der Planung für die nächste Gartensaison beschäftigen.

Die ganze Familie sollte dabei mit in die Planung einbezogen werden. Der Winter bietet uns ausgiebig Zeit, Samenkataloge, Broschüren und Gartenmagazine zu wälzen. Vielleicht gibt es besonders spannende, alte Gemüse- und Obstsorten, die Sie das nächste Jahr einmal ausprobieren möchten, um daraus im darauffolgenden Jahr vielleicht sogar schon eigenen Samen ziehen können. Oder Sie haben Lieblingsblumen, denen sie einen besonderen Platz in Ihrem Garten geben möchten. Probieren Sie aus, testen Sie, untersuchen Sie, entdecken Sie Ihren Garten und Ihre Pflanzen. Bekommen Sie ein Gefühl für die Natur, die Jahreszeiten, den Boden und die Pflanzen. Wenn etwas nicht klappt, ist das gar nicht schlimm. Die Pflanzen sind sehr geduldig und es wächst in der Regel immer wieder nach – auch wenn es etwas dauern mag.

EIN GARTENKALENDER

Hilfreich kann Ihnen bei der Planung und Entdeckung Ihres Gartens ein Gartenkalender sein. Es gibt ihn in vielen Ausführungen im Buchhandel. Sie können sich aber auch Ihren ganz persönlichen und individuellen Gartenkalender anlegen, den Sie über die Jahre hinweg führen. In ihm können Sie Wetteraufzeichnungen festhalten und über die Jahre vergleichen. Sie können Krankheiten und Schädlinge dokumentieren oder gar die Wuchshöhen und Entwicklung eines Geburtstagsbaumes bildlich verfolgen.

Der Gartenkalender wird so letztlich auch zu einem Gartentagebuch mit vielen praktischen und schönen Erinnerungen.
Auch in unserer Gärtnerei führen wir den Gartenkalender. Ich möchte Ihnen dieses kleine Hilfswerkzeug besonders ans Herz legen. Machen Sie Skizzen von Ihrem Garten oder fotografieren Sie ihn bzw. alle Beete. Kennzeichnen Sie die Beete mit Nummern oder Farben und tragen Sie bei den Gemüsebeeten die Kulturen ein, die dort über die Jahre hinweg wachsen. Halten Sie sich dabei an die Regeln der Fruchtfolge, Seite 90, um einen wichtigen Grundstein für die natürliche Pflanzengesundheit zu legen. Notieren Sie sich außerdem den Saattermin der Gemüseart, die Sorte, die Saattiefe und den Abstand. So können Sie wichtige Erfahrungswerte sammeln, die Ihnen in den kommenden Jahren im Garten helfen werden.

ALLGEMEINE ARBEITEN

- Kulturen vor Frost schützen (abdecken mit Reisig, Vlies, Laub).
- Lager kontrollieren (Schimmelpilze, Schädlinge).
- Schneelasten von Gehölzen und mehrjährigen Kulturen abkehren, damit sie unter dem Gewicht nicht zusammenbrechen.
- Anbauplan und Aussaatkalender anfertigen.
- Keimproben ab Januar, siehe S. 42.
- Wühlmäuse bekämpfen.

GEMÜSEGARTEN

- Chicorée bleichen, siehe S. 178.
- Frühkartoffeln vorbereiten, siehe S. 167.
- Wintergemüse ernten, siehe S. 184 f.

OBSTGARTEN

- Im späten Winter erste Schnittarbeiten an Obstbäumen.
- Beerensträucher im späten Winter schneiden.
- Weißanstrich bei Obstbäumen als Frostschutz.

KRÄUTERGARTEN

- Frostempfindliche Kräuter im Freien mit Reisig abdecken.
- Die Töpfe von Topfkräutern vor Frostbeginn mit Noppenfolie umwickeln.
- Topfkultur im Winterquartier auf Schädlinge kontrollieren und gelegentlich gießen. Auf kühle Raumtemperatur achten.

ZIERGARTEN

- Immergrüne Pflanzen an frostfreien Tagen wässern.
- Empfindliche Stauden vor Frost mit Reisig, Laub abdecken.
- Begonien und Canna vortreiben.

Vergessen Sie auch die blühenden Pflanzen wie Sommerblumen nicht, die in keinem Nutzgarten fehlen sollten, damit unsere nützlichen Gartenhelfer (Marienkäfer, Igel, Wildbienen, Schlupfwespen ...) ausreichend Nahrung und Unterschlupf finden.

Wir haben Ihnen deshalb eine kleine empfehlenswerte Übersicht zusammengestellt, die Sie für Ihre Planung berücksichtigen sollten. So können sich Tiere – und natürlich auch wir Menschen – an den leuchtenden Blumen im nächsten Gartenjahr erfreuen.

BLUMEN FÜR DEN GARTEN

Deutscher Name	Botanischer Name	Blütenfarbe	Blütezeit	Höhe in cm	Pflanze pro m²	Voranzucht (Monat)	Direktsaat (Monat)	Pflanzung (Monat)	Für Topf und Kübel	Insekten- und Bienenweide
Einjährige Sommerblumen										
Kornrade	*Agrostemma githago*	lila	Juli – Sept.	50 – 80	50		März – Juni			x
Gartenfuchsschwanz	*Amaranthus hypochondriacus*	rot	Juli – Sept.	100	10 – 15	April		Mai	x	x
Löwenmäulchen (hohe Mischung)	*Antirrhinum majus*	gelb, rot, rosa, weiß	Juli – Okt.	60	20 – 30	März – April		April – Mai	x	
Kletterlöwenmäulchen	*Asarina scandens*	blau	Mai – Okt.	bis 200	8 – 12	März		Mai	x	
Sommeraster	*Callistephus chinensis*	gelb, rosa, weiß, blau	Juli – Nov.	50	20 – 25	März		Mai	x	x
Kornblume	*Centaurea cyanus*	vorwiegend blau	Juni – Sept.	50 – 90	30		März – Juni Aug. – Sept.			x
Spinnenpflanze	*Cleome spinosa*	rosa, lila, weiß	Juli – Sept.	90 – 120	4 – 6	April		Mai		
Winde	*Convolvulus tricolor*	weiß, blau	Juni – Aug.	30 – 40	10		März – Mai			
Kosmee	*Cosmos bipinnatus*	rosa, lila, weiß	Juni – Nov.	100 – 150	6 – 9		April – Mai			x
Mignon-Dahlie	*Dahlia*	Mischung gelb, orange, rot	Juni – Okt.	30 – 40	20	April		Mitte Mai – Mitte Juni	x	
Lanzen-Rittersporn	*Delphinium*	blau	Juni – Sept.	50 – 100	16		Anfang April – Mitte Juni			
Atlasblume	*Godetia grandiflora*	gelb, orange	Juli – Sept.	45 – 60	12		März – Mai		x	
Schleierkraut	*Gypsophila elegans*	weiß	Juni – Aug.	40 – 60	10		März – Ende Mai		x	
Sonnenblume 'Velvet Queen'	*Helilanthus annuus*	braun	Juli – Okt.	170	6 – 10		Mai – Anfang Juli			x
Sonnenblume 'Sunsport'	*Helilanthus annuus*	gelb	Juli – Okt.	40 – 50	20 – 30		Mai – Anfang Juli		x	x
Sonnenblume, kleinblütig	*Helilanthus debilis*	gelb	Juli – Okt.	150	5 – 7		Mai – Anfang Juli			x
Niedrige Strohblume	*Helichrysum bracteatum*	bunt, gelb, weiß, orange, braun	Juli – Sept.	30 – 40	20	April		Mai	x	
Einjährige Schleifenblume	*Iberis umbellata*	vorwiegend blau	Juli – Aug.	25	25 – 30	April		Mai	x	
Prachtwinde	*Ipomoea rubro-coerulea*	lila, blau	Juli – Aug.	200 – 500	6 – 7	März – April		Mai		
Edelwicke	*Lathyrus odoratus*	rosa	Juni – Aug.	150 – 200	20 – 30		April			
Bechermalve	*Lavatera trimestris*	rosa	Juni – Okt.	50	6 – 8		April – Anfang Juni			

Deutscher Name	Botanischer Name	Blütenfarbe	Blütezeit	Höhe in cm	Pflanze pro m²	Voran-zucht (Monat)	Direktsaat (Monat)	Pflan-zung (Monat)	Für Topf und Kübel	Insek-ten- und Bienen-weide
Einjährige Sommerblumen										
Herzgespann	*Leonurus sibiricus*	rosa, rot	Juli – Okt.	100 – 150	6 – 8		April – Anfang Juni			x
Marokkanisches Leinkraut	*Linaria maroccaria*	lila, weiß	Juni – Aug.	40	16 – 20		April – Anfang Juli			
Roter Lein	*Linum grandiflorum*	lila	Juni – Aug.	40 – 50	25 – 80		April – Anfang Juli			x
Sommermalve	*Malope trifida*	weiß, orange	Juli – Okt.	60 – 100	20 – 25		Ende März – Mai			
Kamille	*Matricaria chamomilla*	weiß	Mai – Sept.	10 – 50	20 – 30		April – Juni			x
Elfenspiegel	*Nemesia strumosa*	Mischung gelb bis orange, rosa, lila, weiß, braun	Juni – Okt.	20 – 30	30 – 40	März – April		Mai	x	
Jungfer im Grün	*Nigella damascena*	rosa, weiß, blau	Juni – Okt.	40 – 50	40 – 50		März – Mai			x
Klatsch-Mohn	*Papaver rhoeas*	rot	Mai – Aug.	50 – 60	40 – 50		März – Mai			x
Schopf-Salbei	*Salvia viridis*	Hochblätter rosa, lila	Juni – Okt.	30 – 50	25		April			x
Skabiose	*Scabiosa atropurpurea*	Mischung rosa, lila, weiß	Juli – Nov.	90	25 – 30	März – April		Mai		x
Polster-Studentenblume	*Tagetes tenuifolila*	gelb, braun	Mai – Nov.	30 – 40	30 – 40	März – April		Mai	x	
Kapuzinerkresse (rankend)	*Trapaeolum majus*	hellgelb, dunkel-gelb	Juni – Okt.	bis 200	4 – 6	März – April	Mai	Mai	x	
Kapuzinerkresse (nicht rankend)	*Trapaeolum majus*	gelb, orange, rot	Juni – Okt.	60	6 – 8	April		Mai	x	
Zinnie	*Zinnia angustifolila*	gelb, rot, orange, rosa, braun	Juni – Okt.	40 – 50	25 – 30	April		Juni	x	x
Zwei- oder mehrjährige Sommerblumen										
Marienglockenblume	*Campanula medium*	üppige Blütenfülle rosa, lila, weiß	Juni – Aug.	70	7 – 9		Mai – Sept.			
Goldlack	*Cheiranthus cheiri*	gelb bis orange	Mai – Juni	90	20 – 25	Juli		Aug. – Sept.	x	
Bartnelke	*Dianthus barbatus*	lila, weiß, rot	Juni – Juli	50 – 60	25 – 30	April – Juli		Mai – Aug.	x	
Muskateller-Salbei	*Salvia sclarea*	blau	Mai – Aug.	80 – 120	30 – 50	März – April	März – Juli	März – April		
Großblütige Königskerze	*Verbascum densiflorum*	gelb	Juli – Sept.	50 – 250	4 – 6		März – April			
Wildes Stiefmütterchen	*Viola tricolor*	dreifarbig gelb, weiß, lila	Mai – Aug.	10 – 20	80 – 100	Juni		Aug. – Sept.	x	

[1.]

[2.]

[3.]

GEMÜSE

Pflanzenschätze aus dem Wintergarten

Auch im Winter müssen wir nicht auf frisches Gemüse verzichten. Das meiste entfaltet sogar durch Frost erst sein typisches Aroma und verliert die Bitterstoffe.

FELDSALAT [1.]

Valerianella locusta
Gruppenzugehörigkeit: Blattpflanze
Sorten: Es gibt viele Sorten von rundblättrig bis länglich, von klein- bis großblättrig, von hell- bis dunkelgrün. Für Frühjahrs-, Herbst- und Winterernte.
Aussehen: Kleine, rosettenbildende Pflanze.
Aussaat: Aussaat mit 15 bis 30 cm Reihenabstand und 20 cm Pflanzabstand. Aussaat für die Winterernte im September. Aussaat für die Herbsternte im Juli. Aussaat für die Frühlingsernte im Februar / März. In Gegenden mit kalten Wintern wird eine Winterkultur nicht empfohlen, sonst bis Dezember ernten bzw. mit Reisig schützen.
Erntezeit: Frühling bis Winter.
Erntegut: Blattrosetten oder einzelne Blätter.

PASTINAKE [2.]

Pastinaca sativa
Gruppenzugehörigkeit: Wurzelpflanze
Sorten: Breite und längliche Sorten von creme- bis braunfarben.
Aussehen: Zweijährige Pflanze, die bis zu 150 cm hoch wird und schöne Doldenblüten bildet. Die Wurzel ist eine Rübe.
Aussaat: Aufgrund der langen Wurzeln den Boden tiefgründig vorbereiten. Am besten sind humose Sandböden. Aussaat Anfang Juni im Abstand von 30 cm in der Reihe und 10 cm von Pflanze zu Pflanze. Achtung, lange Kulturdauer!
Erntezeit: Ab Ende Oktober bis Februar, bei offenem Boden. Bei Frosteinwirkung werden die Wurzeln schmackhafter.
Erntegut: Rüben

ROSENKOHL [3.]

Brassica oleracea var. *gemmifera*
Gruppenzugehörigkeit: Blattpflanze
Sorten: Viele samenfeste Sorten erhältlich, meist hell- bis mittelgrün. Für Winterernte frostfeste Sorten wählen.
Aussehen: Wintergemüse, das in den Achselknopsen „Rosen" ausbildet, die wie kleine, geschlossene Kohlköpfe aussehen. Je nach Sorte werden sie 60 bis 80 cm hoch.

Aussaat: Ab Mitte April bis Mai aussäen oder Jungpflanzen im Juni pflanzen. Reihenabstand 65 cm, Pflanzabstand 30 cm. Achten Sie auf eine gute Wasserversorgung während der Pflanzenentwicklung, unterstützend kann hier mulchen sein.
Bei Anzucht in Kübeln auf große Töpfe achten (mindestens 30 l), pro Topf nur eine Pflanze einsetzen.
Erntezeit: November bis Februar / März.
Erntegut: Die kleinen Röschen werden von unten nach oben abgeerntet. Bei frostfesten Sorten kann man von November bis Februar durchweg ernten.

GRÜNKOHL [4.]

Brassica oleracea var. *sabellica*
Gruppenzugehörigkeit: Blattpflanze
Sorten: Breite und längliche Sorten von creme- bis braunfarben.
Aussehen: Der Kohl bildet nicht, wie viele seiner Vertreter, einen geschlossenen Kopf aus, sondern hat markante, stark gekrauste Blätter auf einem hohen Stängel.
Aussaat: Direktsaat von Mai bis Juni. Jungpflanzen können im April gepflanzt werden, Reihenabstand 50 cm, Pflanzabstand 50 bis 70 cm. Jungpflanzen beim Einsetzen mit Kompost versorgen.
Erntezeit: September bis März. Haupternte im November. Grünkohl verträgt Fröste bis –8 °C und braucht ggf. Frostschutz durch Vlies oder Reisigabdeckung. Der feine Geschmack entwickelt sich jedoch erst durch eine gewisse Frosteinwirkung.
Erntegut: Junge und mittlere Kohlblätter.

PALMKOHL [5.]

Brassica oleracea var. *sabellica*
Gruppenzugehörigkeit: Blattpflanze
Aussehen: Zweijährige Kohlpflanze, die bis zu 100 cm hoch werden kann, mit dunkelgrünen bis schwarzgrünen Blättern.
Aussaat: Direktsaat von Mai bis Juni. Jungpflanzen können im April gepflanzt werden, Reihenabstand 50 cm, Pflanzabstand 50 bis 70 cm. Jungpflanzen beim Einsetzen mit Kompost versorgen. Eignet sich auch für die Kübelkultur.
Erntezeit: Ab Oktober. Frostschutz durch Vlies oder Reisigabdeckung geben (Pflanze nur bedingt frosthart). Palmkohl braucht keine Frosteinwirkung, um den guten Geschmack der Blätter zu entwickeln.
Erntegut: Junge und mittlere Kohlblätter von unten nach oben abernten.

CHICORÉE [6.]

Cichorium intybus
Gruppenzugehörigkeit: Wurzelpflanze
Aussehen: Krautige Pflanze, die bis zu 15 cm lange Wurzeln bildet.
Aussaat: Ab Juni. Auspflanzen ab Juli bis August. Reihenabstand 40 cm, Pflanzabstand ebenfalls 40 cm.
Erntezeit: Oktober bis November ernten. Für anschließende Treiberei ab November bis März zwischenlagern. Das Bleichen kann dann immer nach Bedarf erfolgen.
Erntegut: Rüben

[4.]

[5.]

[6.]

SERVICE

DIVERSES GARTENZUBEHÖR

Peter Berg
Niederfeld 1
79589 Binzen
Tel.: (0 76 21) 96 83 10
Fax: (0 76 21) 96 83 40
E-Mail: info@bergbinzen.de
www.bergbinzen.de

- Besonders langer Eschenstiel mit ovaler Form zum ermüdungsfreien Arbeiten. Für die meisten Hackgeräte geeignet. 1,70 m lang nur als Sperrgutversand oder auf Vorbestellung zum Abholen.
- Pendelhacke 80 mm, 125 mm, 170 mm breit
- Colmen-Blatthacke 125 mm, 170 mm breit
- Wintergründüngungssaatgut-Mischung: Roggen-Wicken
- Handjätgerät (Jättelefon)
- Phonolith Urgesteinsmehl: 10 und 25 kg Säcke
- TopTex Kompostvlies im Hobbyzuschnitt

Glaser Engineering GmbH
Im Lerchengarten 12
CH-4153 Reinach
Tel.: +41 (0) 61 - 7 13 98 84
Fax: +41 (0) 61 - 7 13 98 85
E-Mail: info@glaser-swissmade.com
- Pendelhacke

PRÄPARATE

Demeter Baden-Württemberg
Biodynamische Hausgärtner-Gruppe
Hauptstr. 82
70771 Leinfelden-Echterdingen
Tel.: (07 11) 90 25 4 - 0
Fax: (07 11) 90 25 4 - 54
www.demeter-bw.de
www.gartenrundbrief.de

Geflügel vom Brunnenhof GbR
z. H. C. v. Wistinghausen-Noz
Brunnenhof-Mäusdorf
Hohe Str. 25
74653 Künzelsau
Tel.: (0 79 40) 22 70
Fax: (0 79 40) 49 11
E-Mail: info@gefluegelvombrunnenhof.de

URGESTEINSMEHL

LANDOR AG
Auhafen
CH-4127 Birsfelden
E-Mail: info@landor.ch
www.landor.ch
- Urgesteinsmehl Vulkamin®

HANS G. HAURI MINERALSTOFFWERK
Bergstr. 114
79268 Bötzingen
Tel.: (0 76 63) 93 90 - 0
E-Mail: info@hauri.de
- Phonolith Urgesteinsmehl

BIOLOGISCHES SAATGUT

Dreschflegel GbR
Postfach 1213
37202 Witzenhausen
Tel.: (0 55 42) 50 27 44
Fax: (0 55 42) 50 27 58
www.dreschflegel-saatgut.de

Bingenheimer Saatgut AG
Kronstr. 24–26
61209 Echzell-Bingenheim
Tel.: (0 60 35) 18 99 - 0
Fax: (0 60 35) 18 99 - 40
E-Mail: info@bingenheimersaatgut.de
www.bingenheimersaatgut.de

Reinsaat KG
A-3572 St. Leonhard am Hornerwald 69
Tel.: +43 (0) 29 87 - 23 47
Fax: +43 (0) 29 87 - 234 74

NÜTZLINGE

Katz Biotech AG
An der Birkenpfuhlheide 10
15837 Baruth
Tel.: (03 37 04) 6 75 10
Fax: (03 37 04) 6 75 79
www.katzbiotechservices.de
www.floranuetzlinge.de

ÖRE Bio-Protect GmbH
Neuwührener Weg 26
24223 Schwentinental
Tel.: (0 43 07) 50 16
www.nuetzlingsberater.de

re-natur GmbH
Kräuter Park
Am Pfeifenkopf 9
24601 Stolpe
Tel.: (0 43 26) 28 93 90
Fax: (0 43 26) 28 93 91
www.re-natur.de

AMW Nützlinge GmbH
Außerhalb 54
64319 Pfungstadt
Tel.: (0 61 57) 99 05 95
Fax: (0 61 57) 99 05 97
www.amwnuetzlinge.de

Katz Biotech AG
Beratungsstandort Süd
Industriestr. 38
73642 Welzheim
Tel.: (0 71 82) 93 53 73
Fax: (0 71 82) 93 53 71
www.katzbiotech.de

Andermatt Biocontrol AG
Stahlermatten 6
CH-6146 Grossdietwil
Tel.: +41 (0) 62 - 9 17 50 05
Fax: +41 (0) 62 - 9 17 50 06
www.biocontrol.ch

BIENEN HALTEN

www.bienenkiste.de
Die Bienenkiste ist ein Projekt des gemeinnützigen Vereins Mellifera e. V., um mit einem Minimum an Aufwand selbst Bienen halten zu können – aus Freude an der Natur und um für den Eigenbedarf etwas Honig zu ernten.

Deutscher Imkerbund e. V.
„Haus des Imkers"
Villiper Hauptstr. 3
Wachtberg - Villip
Tel.: (02 28) 93 29 20
Fax: (02 28) 32 10 09
E-Mail: deutscherimkerbund@t-online.de
www.deutscherimkerbund.de

BODENUNTERSUCHUNGSINSTITUTE

Landwirtschaftliche Untersuchungs- und Forschungsanstalten
www.vdlufa.de

Agrofor Consulting
Hauptstr. 27A
35435 Wettenberg
Tel.: (06 41) 98 03 56
Fax: (06 41) 98 03 57
www.agrofor.de
E-Mail: AGROFOR@T-Online.de

AgroLab Swiss GmbH
Oberfeld 3
CH-6037 Root/Lu
Tel.: +41 (0) 4 50 - 26 57
Fax: +41 (0) 4 50 - 26 66
E-Mail: mj@agrolab.ch
www.agrolab.ch

lbu – Labor für Boden- und Umweltanalytik
Postfach 150
CH-3602 Thun
Tel.: +41 (0) 33 - 2 27 57 31
Fax: +41 (0) 33 - 2 27 57 39
E-Mail: info@lbu.ch
www.lbu.ch

BIOVERBÄNDE

Gäa e. V.
Arndtstr. 11
01099 Dresden
Tel.: (03 51) 40 12 38 9
Fax: (03 51) 40 15 51 9
www.gaea.de

BÖLW
Bund Ökologische Lebensmittelwirtschaft e. V.
Marienstr. 19–20
10117 Berlin
Tel.: (0 30) 28 48 23 00
Fax: (0 30) 28 48 23 09
www.boelw.de

Biopark e. V.
Rövertannen 13
18273 Güstrow
Tel.: (0 38 43) 24 50 30
Fax: (0 38 43) 24 50 32
www.biopark.de

Bioland e. V.
Postfach 1940
55009 Mainz
Tel.: (0 61 31) 23 97 91 3
Fax: (0 61 31) 23 97 92 7
www.bioland.de

Demeter e. V.
Brandschneise 1
64295 Darmstadt
Tel.: (0 61 55) 84 69 0
Fax: (0 61 55) 84 69 11
www.demeter.de

Ecoland
Haller Str. 20
74549 Wolpertshausen
Tel.: (0 79 04) 97 97 0
Fax: (0 79 04) 97 97 29
www.ecoland.de

Naturland e. V.
Kleinhaderner Weg 1
82166 Gräfelfing
Tel.: (0 89) 89 80 82 0
Fax: (0 89) 89 80 82 90
www.naturland.de

Biokreis e. V.
Stelzlhof 1
94034 Passau
Tel.: (08 51) 75 65 00
Fax: (08 51) 75 65 025
www.biokreis.de

Bio Austria
Büro Linz
Ellbogner Str. 60
A-4020 Linz
Tel.: +43 (0) 732 - 65 48 84
Fax: +43 (0) 732 - 65 48 84 140
www.bio-austria.at

Bio Suisse
Margarethenstr. 87
CH-4053 Basel
Tel.: +41 (0) 61 38 59 61 0
Fax: +41 (0) 61 38 59 61 1
www.bio-suisse.ch

REGISTER

Hervorgehobene Seitenzahlen verweisen auf Abbildungen.

E

F

G

H

I / J

K

S

T

V

W

Y

Z

DANKSAGUNG

Danken möchte ich an dieser Stelle besonders meiner Frau Christina, die oft auf meine Gesellschaft verzichten musste, weil ich mal wieder „am Buch" war. Dank gebührt auch der restlichen Familie, die immer sehr verständnisvoll meine Aktivitäten für dieses Buch mitgetragen hat. Besonders Stefan, der mir mit zusätzlichem Einsatz im Betrieb den Rücken frei gehalten hat, damit ich „raus konnte" zum Schreiben.

Dank auch all den Menschen, die meinen biodynamischen Weg, d. h. meinen gesamten Lebensweg seit über vierzig Jahren, in vielfältigen Begegnungen mitgeprägt haben. Vor allem sei auch Maria Thun († 2012) gedankt. Mit ihrem Wissen um die besondere Wirksamkeit des Kosmos hat sie mir sehr geholfen, die Anregungen Rudolf Steiners praktisch in den gärtnerischen Alltag zu tragen und sicher zu handhaben. Dr. Hans Balmer danke ich für die unzähligen Gespräche und praktischen Stunden am Kompost, vor dem Hintergrund des Kreislaufes der Natur von Werden und Vergehen und mit dem Ziel, diesen Kreislauf so gut wie möglich zu kopieren, ja an manchen Stellen so zu verfeinern, dass die richtige „Nahrung" für die Bodenorganismen daraus entsteht. Floor und Gerhard Eisenkolb danke ich für den unermüdlichen gemeinsamen Austausch zu Fragen des gärtnerischen Alltags wie auch zu Fragen des geistigen Hintergrunds der praktizierten Landbaumethode. An dieser Stelle Dank auch an die kritischen Stimmen, die mir durch ihr Hinterfragen Aspekte aufzeigten, denen ich vermehrt nachgehen und durch die ich so zu neuen Erkenntnissen gelangen durfte.

Dank an all die vielen Gärtnerinnen und Gärtner, die bei mir Rat suchten und dabei oft genug nicht eine einfache Lösung im Sinne von „Nimm das, dann passiert das" erhielten, sondern angeregt wurden, beispielsweise die „Schneckenplage" als „Bodenernährungsfrage" oder die Lebendigkeit des Bodens als Schlüssel zur Wirksamkeit der Gestirne zu sehen.

Die schönen und stimmungsvollen Bilder in diesem Buch stammen größtenteils von meinem Freund Jürgen Weisheitinger, Berufsfotograf aus Lörrach. Er hat immer verstanden, was ich zeigen wollte und worauf es mir bei dieser oder jener Gartensituation ankam. Danke für die unzähligen Stunden der Gartenbegegnungen mit Dir! Die Texte in diesem Buch wurden von der Gartenfreundin Heike in eine verständliche, lesbare Form gebracht. Besonders ihr Nachfragen als „Nochnichtgärtnerin" hat mir oft gezeigt, wo weitere Erläuterungen zum besseren Verständnis notwendig waren.

Die Lektoratsarbeit im Verlag wurde von Birgit Grimm mit viel Einfühlungsvermögen an die Herangehensweise ans Thema und an das Lebensumfeld des Autors gestaltet. Es war sicher nicht immer einfach, einen praktisch tätigen Gärtner immer bei der „Buchstange" zu halten. Es ist ihr jedoch gelungen. Abschließend herzlichen Dank an alle, die zum Gelingen des Buches beigetragen haben und nicht einzeln erwähnt werden konnten.

BILDNACHWEIS

305 Farbfotos wurden von Jürgen Weisheitinger, Lörrach für dieses Buch aufgenommen.

Weitere Farbfotos 83 von: Gap Gardens: S. 60 alle vier; Gartenschatz, Stuttgart: S. 28 alle drei, 29 o, 29 Mi, 64, 66 alle drei, 67 alle drei, 68 eins und zwei, 69 o, 69 u, 85 o, 85 u, 94 alle drei, 95 alle drei, 102 eins bis drei, 103 fünf und sechs, 130 o, 130 Mi, 131 alle drei, 141 Mi, 146 alle drei, 147 alle drei, 158 alle drei, 159 alle drei, 160 alle drei, 161 o, 161 Mi, 170 eins bis drei, 171 u, 172 alle drei, 173 o, 173 u, 174 Mi, 175 alle drei, 184 Mi, 184 u, 185 o; Flora Press/Nova Photo Graphik, Hamburg: S. 16; Flora Press/Helga Noack: 124 li o, 124 li u; Flora Press/RHS 124 re; Flora Press/BIOS: 184 o; Frank Hecker, Panten-Hammer: 130 u; Hans Laux, Biberach: 156 u; Manfred Pforr, Langenpreising: S. 29 u; Roland Spohn, Engen: 68 u, 174 o, 174 u

IMPRESSUM

Umschlaggestaltung von Editorial Design, München unter Verwendung von zwei Farbfotos von Rogge & Jankovic Fotografen, Düsseldorf.

Mit 388 Farbfotos.

Alle Angaben in diesem Buch sind sorgfältig geprüft und geben den neuesten Wissensstand bei der Veröffentlichung wieder. Da sich das Wissen aber laufend in rascher Folge weiterentwickelt und vergrößert, muss jeder Anwender prüfen, ob die Angaben nicht durch neuere Erkenntnisse überholt sind. Dazu muss er zum Beispiel Beipackzettel zu Dünge-, Pflanzenschutz- bzw. Pflanzenpflegemitteln lesen und genau befolgen sowie Gebrauchsanweisungen und Gesetze beachten.
Die Blütenfarben sind sortenabhängig, daher können auch Farben auf dem Markt sein, die im Buch nicht genannt werden. Die Blüte- und Erntezeiten sind ebenfalls sortenabhängig, aber auch klima- und standortabhängig. Die angegebenen Wuchshöhen und -breiten der Pflanzen sind Mittelwerte. Sie können je nach Nährstoffgehalt des Bodens variieren. Verschiedene Sorten können deutlich größer oder auch kleiner wachsen als die Art.

Gedruckt auf chlorfrei gebleichtem Papier

ISBN 978-3-440-11196-3
Projektleitung: Birgit Grimm
Redaktion: Birgit Grimm
Gestaltungskonzept: Editorial Design, München
Gestaltung und Satz: Walter Typografie & Grafik GmbH, Würzburg
Produktion: Jürgen Bischoff
Printed in Italy / Imprimé en Italie